夫婦で歩いた538キロ！

中山道 トコトコ歩き

写真・絵・文
池田充宏・池田純子

合同フォレスト

はじめに

あるテレビ番組で「あなたは1時間、歩き通すことができますか？」との問いかけを耳にしました。

「1時間歩き通す？」そんなことは簡単だ！　家から30分歩いて、戻ってくれば1時間歩いたことになる。

「よし、やってみよう！」となりました。70歳を超えて、日ごろの運動不足がたたり、体のあちらこちらに肉がつき、みっともない体になっています。おまけに最近は「糖尿病」の気配も出てきています。運動不足解消を兼ね、「散歩の延長」と考えました。

「さて、30分どこへ行こうか？」

家の近くの『中山道』を30分歩くと、どこまで行けるのかな？　と思い、中山道を北に向かって歩くことにしました。

２０１５年10月10日。家を出て中山道を北に歩きました。30分歩き、「さいたま新都心駅」に着くことができました。短い短い中山道歩きでしたが、今まであまり気にしていなかった「一本杉の仇討ち」、新都心駅近くの「火の玉地蔵の赤い祠」を知ることができました。

「中山道には面白い遺跡がある。もうちょっと、歩いてみるか」。これが「中山道トコトコ歩き」の始まりです。

「中山道トコトコ歩き」の初めのころは、「京都三条大橋」を目指すことは考えてもいません。埼玉県内の中山道を歩いてみて、少しずつ、少しずつ、夢が広がってゆきました。

スタート時

第1段階：大宮駅―宮原駅、宮原駅―上尾駅、上尾駅―桶川駅…と「ＪＲ１駅分を歩く」。

第2段階：せめて、熊谷駅までは歩いてみたいね。

第3段階：熊谷駅を越えたところで「埼玉県を歩いて越えてみるか！」

第4段階：県境の神流川を越えたときには「よくここまで歩いて来ることができた」と感動してしまいました。その時に、はじめて、このまま進めば…、京都三条大橋にたどりつくことができるのかな？　という思いが沸き上がりました。

「よし！　私たちの目標は京都三条大橋！」と中山道六十九次を歩き通すこ

とが目標となりました。

私たちの「中山道トコトコ歩き」は２０１５年10月に始まり、２０１６年12月に完歩します。

「1年の四季」を旅の中で感じることができました。

・深まりゆく秋を感じた＝武州路
・冬が始まり、日差しの中を歩いた＝上州路
・霜柱を踏みしめて登った＝碓氷峠
・真っ白な浅間の山を背にした＝信濃路
・桜の花びらと登った＝和田峠
・檜の香りと鶯の声が励ましてくれた＝木曽路
・汗をかき、かき、登って、下った＝十三峠
・木曽川の土手に曼殊沙華が咲いていた＝美濃路
・田んぼが黄金色に輝いていた＝近江路
・紅葉に赤く色づく＝みやこ路

すばらしい景色との出合いがありました。

「一期一会」の精神を心に刻みながらの旅でした。

道中、人と出会う時は丁寧に接することに心がけました。目が合うと、どの人にも軽く会釈をし、「こんにちわ」と挨拶をします。すると、「いぶかしげな表情」が「親しみのこもった顔」に変わり、「今日はいい天気ですね」と声をかけてくれます。「どちらから来られたのですか?」と聞いてくれます。

「ハイ。日本橋から歩いてきました。今、ここにたどり着きました。」と、返事をします。

「そりゃ大変だ!」…と会話が続きます。一日のうち、必ず「長い会話」が一度か二度あります。そのどれもが楽しい会話でした。そして「がんばりな!」と、挫折しそうな私たちの背中をやさしく押してくれました。

本書はごく、ごく、あたり前の暮らしをしている普通の夫婦が「中山道をトコトコ歩いた」記録で、中山道の資料としては、不十分なものです。行く先々でいろいろな経験をし、たくさんの人と出会ったことをまとめたものです。その時、その時の、私たちの気持ちが皆様に伝われば、この上もない幸せなことと思っています。

もくじ

1 日本橋

Nihonbashi

日本橋⇒板橋：9.8km

1964年の東京オリンピックが日本橋に遺した負の遺産

お江戸日本橋はなんとも惨めな格好になっています。橋は高速道路に覆われて、一望することができません。1964年のオリンピック開催に際し、日本橋のかかる「日本橋川」の上に高速道路を建設したからです。

日本橋はその歴史的価値からいっても第一級の遺跡で、日本のシンボル的な価値をもっていると思います。フランスの凱旋門、イギリスのロンドン橋、アメリカの自由の女神像、ドイツのブランデンブルグ門などと同等の建造物です。どんな事情があるにせよ、フランス、イギリス、アメリカ、ドイツで象徴的な施設の上に高速道路の建設をしたなら「建設反対の大きな運動」が盛り上がります。

当時は「国を挙げて何が何でもオリンピックを成功させる」ということで、どんな無理も通ってしまった状況でした。そのために理不尽な「日本橋隠し」の工事も大きな批判にさらされることなく推し進められ、今日の惨めな姿になってしまいました。

そんな日本橋ですが、橋のたもとには様々な遺跡があります。その一つが**「東京市道路元標」**です。子どもの時に習った五街道（東海道、中山道、奥州街道、甲州街道、日光街道）の拠点として記されています。

次頁左上を私たちの「中山道トコトコ歩き」のスタートの写真とします。この写真のシャッターを押してくれた人が「どちらまで行くのですか?」と聞くので、私たちは胸を張って「もちろん、京都三条

東京市道路元標

大橋です」と答えると、「アハハハハハッ！　それは大変ですね」と、冗談として受け止められてしまいました。

八百屋お七に新撰組局長。江戸の名残がそこかしこに

日本橋をあとに、いよいよトコトコ歩きのスタートです。神田駅のガード下に「**健やかに**」（田中昭作）のブロンズ像があります。サラリーマンの行き来する場所でほとんどの人が気付くことなく通り過ぎています。戦後の混乱期に多くの少年少女がこの像のような様子であったと思われます。しばらく、この像の前に立ち止まってしまいました。

神田川を渡って秋葉原を左折。途中、**神田明神**でお詣りをしました。神社の屋根越しに東京スカイツリーが見え、新旧のコントラストが見事でした。

東京大学の赤門を過ぎ、さらに北上すると、**大圓寺**というお寺があります。ここは江戸の大火の罪で

「健やかに」（田中　昭　作）

神田明神

処刑された八百屋お七を供養した「**ほうろく地蔵**」があり、たくさんのほうろく（素焼きの皿）が供えられていました。

　また、境内には幕末の砲術家・高島秋帆のお墓があります。これから向かう板橋区の「高島平」は、高島秋帆が砲術の演習を行ったことに由来する地名です。

　さらに北上すると、とげぬき地蔵で有名な巣鴨に到着。中山道は〝お年寄りの原宿〟と呼ばれる**地蔵通商店街**をそのまま通るルートになっています。

　商店街入口近くの「伊勢屋」でどら焼きを2つ買い、お店の中の小さな椅子に座りこみ、出されたお茶を飲み、お店の人と会話を楽しみながらいただきました。

　歩き疲れた体に糖分を補給し、もうひと踏ん張り。トコトコ歩いてJR板橋駅に着くと、東口のすぐ近くに新撰組局長・**近藤勇のお墓**があります。注意して歩かないとうっかり見落としてしまいそうな、ひっそりとした墓地です。近藤はここ板橋の刑場で処刑されました。

　かつて、大きな宿場にはたいてい刑場があり、その近くには「泪橋」と名付けられた橋がありました。刑場に引き立てられる罪人が、涙ながらに家族との別れをしたことに由来するのでしょう。切ない話です。

東京大学

大圓寺のほうろく地蔵

近藤勇の墓

巣鴨地蔵通商店街

石神井川にかかる「板橋」

中山道最初の宿場町にある本陣跡と、歴史遺産の一里塚

ＪＲ板橋駅を起点に、一路蕨へ。ここからしばらく、中山道の真上には首都高速道路が走っています。

板橋区役所を過ぎると、仲宿です。ここは私の実家に近く、子どものころによく遊んだところです。坂を下る途中に飯田本陣があります。道を隔ててマンションに挟まれた細い道の奥に「**板橋宿中宿飯田脇本陣跡**」の石碑があります。このあたりが板橋宿の中心で、「仲宿」と呼ばれていました。脇本陣は皇女和宮の江戸入りのときの最後の宿泊地となります。また、明治天皇も大宮氷川神社の行幸の際、宿泊しています。

坂を下ったところに石神井川が流れています。昔、板の丸木橋がかかっていました。川沿いにはお茶屋などが並び、たいそうにぎわっていました。

石神井川沿いは時代を越えて「桜の名所」です。現代も桜の季節にはたくさんの人でにぎわいます。

板橋を越え、坂道を上る途中に「**縁切榎**」という木と小さな祠があります。縁を切りたい人がいたら、この木の皮を煎じて飲むと、願いが叶うと伝えられています。全国に数ある縁切スポットの中でも、ここは抜群の効果があることで有名です。

板橋本町を過ぎると、中山道は頭上の首都高速道路に別れを告げ、ひたすら北へルートをとります。都営三田線志村坂上駅にほど近い交差点には、国指定の「**志村一里塚**」があります。日本橋からは3里めにあたります。徳川家康が街道整備のためにつく

縁切榎

「板橋」のスケッチ（水彩）

板橋宿中宿脇本陣跡

戸田橋からの眺め。遠くに雪化粧の富士山がうっすらと見える

志村の一里塚（左の木立ち）

らせたもので、明治以降そのほとんどが姿を消してしまった一里塚。今なおその姿をとどめる、とても貴重な史跡です。

その隣の瓦屋根の古い建物は、「齋藤商店」という、いまではすっかり珍しくなった竹屋さんです。明治22年の創業ですから、およそ130年の歴史があります。竹串から竹垣まで、竹製品全般を扱っているそうです。

私が子どものころ、この道には都電が通り、道幅はいまの半分くらいだったと記憶しています。

さて、トコトコ歩きは戸田橋を渡り、いよいよ埼玉県に入ります。戸田橋からは秩父の山々が小さく見え、雪化粧をまとった美しい富士山も一望できます。いつも車で通るので気にもとめなかった景色の一つひとつが新鮮です。

「ヤッホー！　東京都を越えて、埼玉へ入るぞーっ！」

思わず大きな声で叫んでしまいましたが、行き交う車の音にかき消され、澄み渡る青空に吸い込まれていきました。

蕨宿

蕨市立歴史民俗資料館

民俗資料館の庭園

宿場町の名残を色濃く残す情趣たっぷりの町並み

戸田橋を越えると「蕨」です。蕨は車では何回も通過していますが、宿場を歩くのは初めてです。本陣を中心に古い建築物がそこかしこに残り、往時の面影が偲ばれます。

写真の**蕨市立歴史民俗資料館**は岡田加兵衛本陣を改装して一般開放したもので、手入れの行き届いた庭がとてもきれいでした。常設展は宿場町としてにぎわった当時の様子を再現したコーナーなどがあり、興味深く見学しました。

蕨城址公園にも立ち寄りました。蕨城は室町時代に足利将軍家の渋川氏が築いた城ですが、北条氏に

和樂備神社

滅ぼされ、その後は家康が鷹狩りをした際の御殿（休憩所）として使われました。

城址公園に接して、**和樂備《わらび》神社**があります。蕨城の守り神として渋川氏が建立したと伝えられます。

風情のある古民家に目を奪われ、スケッチをしました。こんな建物がそこかしこに建ち、周囲の町並みに自然に溶け込んでいるのも、蕨の町の魅力です。

そこから少し北へ行くと、**三学院**というお寺があります。真言宗の金亀山極楽寺三学院というのが正式名称です。本堂をはじめ、伽藍の建造物は風格があり、立派です。

お寺のほど近くにある手づくり煎餅の店「**萬寿屋**」に寄り、「表にソフトクリームの看板がありましたが、冬でも買えますか?」と聞くと、「ええ、かえって冬のほうが売れるんですよ」との答え。それならばと注文すると、気のいいおかみさんは私たちに特大のソフトクリームを作ってくれました。

寒空の下、食べても食べても小さくならない特大のソフトクリームは、おかみさんの気持ちのこもった極上の味でした。

宿場の多くには「木戸」というものが設けられています。軍事や防犯などの目的で作られた門で、ここ蕨にも江戸寄りの「下木戸」と、京都寄りの「上木戸」の跡が残っています。

一六橋《いちろく》という一風変わった名前の橋がありました。橋といっても小さな用水路を渡るためのもので、幅も長さも150センチ程度です。その昔、1と6の日にこのあたりに市が立ったことから名付けられたそうです。

三学院

上木戸跡

一六橋

蕨の町並みのスケッチ（水彩）

4

浦和

Urawa

浦和⇒大宮：5.0km

日本で最後の〝仇討ち〟が行われた「一本杉」

「焼米坂」の碑がある坂を上ると浦和宿が近くなります。浦和商業高校の南に「白幡沼」があります。人家の間にあり、近くの人も沼の存在に気がつきません。藤原秀郷がここに平将門追討の陣を張り、源氏の「白旗」を建てたことに由来します。

浦和駅近くのこんもりとした森が「**調《つき》の宮神社**」です。ここは、「狛犬で」なく、「狛うさぎ」が神社を守っています。毎年、12月12日に「十二日町」という市場が開かれます。中山道一帯に屋台が並び、「浦和にこんなに人がいたのか?」と思うほどのにぎわいです。

写真下の**玉蔵院**は平安時代に弘法大師により創建されたと伝えられる古刹で、正式名称は宝珠山玉蔵院延命寺。ビルに囲まれ、あまり目立たない小さな仲町公園に、明治天皇が大宮氷川神社に行幸する際に休息したという石碑が建っています。石碑の横に、

▶▲玉蔵院（右）は平安時代創建と伝わる浦和随一の古刹。玉蔵院の近くにある仲町公園（上）には、浦和の本陣跡を示す看板がひっそりと立っている。

市場通りの農婦像

調神社の狛兎

河西祐之助の墓

一本杉の仇討ちの碑

ここが浦和宿の**本陣跡**であることを示す小さな看板があります。この本陣跡は、浦和に住む人にほとんど知られていません。

本陣跡の少し北に**農婦の像**と、室町時代から昭和初期まで毎月2と7の日に市が立ったことを示す石碑があります。それにちなんで、ここは**市場通り**と名付けられています（近くの**慈恵稲荷神社**にも「二・七市場跡」の案内板が立っています）。

この奥の常盤公園に、明治期に建てられた浦和地方裁判所がありました。歴史を感じさせる建物でしたが、1973年に移転に伴いなくなりました。

中山道はJRの線路を越えると、北浦和です。北浦和駅を越えたところに、日本史上最後の仇討ち「一本杉の仇討ち」で討ちとられた河西祐之助を供養する**廓信寺**があります。少し北に「**一本杉**」と刻まれた石碑があります。

お女郎地蔵・火の玉不動尊

与野駅近辺はは街道沿いにずらりと松の木が並び、近くの上木崎小学校（カミさんの出身校です）の校歌に「♪中山道の松の風　歴史はかおる　朝夕に」と歌われていたほどでしたが、現在は与野駅の近くにわずか2本の松が立つのみです。

与野駅の交差点の中央に「半里塚の大ケヤキ」と呼ばれる、樹齢300年とも500年ともいわれるケヤキの大木が立っていましたが、倒壊の危険があるとして2010年に伐採されてしまいました。

ここ10年で最も様変わりした「さいたま新都心」の東口近くには、そこだけ歴史に取り残されたようにひっそりと建つ「**お女郎地蔵・火の玉不動尊**」があります。悲恋の果てに自害した女郎と、その〝人魂〟を鎮めるために建てられたものです。

さあ、さいたま新都心を過ぎれば、大宮はもうすぐそこです。

さいたま新都心駅前

5 大宮

Ohmiya

大宮⇒上尾：7.9km

大宮氷川神社・一の鳥居

中山道随一の規模を誇る大宮宿なのに、本陣跡がない!?

大宮駅の南側、中山道から少しそれたところに、**「塩地蔵尊」「子育て地蔵尊」**を並べて祀ったお堂があります。塩地蔵？ 見たことも聞いたこともありません。案内を読むと、「2人の娘を連れて旅をしていた浪人が大宮宿で病を得て倒れてしまい、医者が手を尽くしても一向に快復しない。そんなある日、娘たちの夢枕に地蔵菩薩が現れて、塩断ちをするように告げた。翌朝から早速塩を断って祈祷を続けた

塩地蔵尊・子育て地蔵尊

大宮駅東口・住吉通り商店会

大宮駅東口・一番街

ところ、父はみるみる快復。娘たちはお礼に地蔵に塩を供えた」というものでした。

さて、大宮といえば、荒川流域を中心に約２８０社あるといわれる氷川神社の総本宮・**大宮氷川神社**です。２４００年の歴史をもつという伝承がある神社です。昔は氷川神社の参道が中山道でしたが、馬車や牛車が参道を通るのは不敬だということで、現在の西側に変わったとのことです。

大宮宿は、本陣1、脇本陣9を数える大きな宿場町です。それなのに、どこを探してもそれらを示す史跡が見当たりません。そこで大宮で一番大きなお寺・東光寺に寄り、本陣があった場所を訊ねました。対応してくれた若い僧侶は「実は本陣跡を示す標識などはないのです」と困り顔で答えます。そしてインターネットで調べてくれ、「どうやらここが本陣といわれているところです。行ってみてください」と教えてくれたのが、上の写真の2か所です。

いずれも大宮駅東口にほど近い商店街でしたが、残念ながら標識はありません。「中山道六十九次」で本陣跡の案内がないのは、ここ大宮宿だけです。大宮が発展し、今日のにぎわいがあるのは、ここに宿場があり、人が集まってきたからこそだと思うのです。それなのに、そうした形跡がまったくないのは、行政の怠慢だと思うのです。

そんな思いを引きずりながら、私たちは上尾を目指しました。途中、宮原駅を過ぎた先にある**加茂神社**でお詣りをしました。これから続くたくさんの神社でのお詣りは、いつもいつも、

①カミさんが私より1時間でいいから長生きをしますように

②イギリスで暮らしているお兄ちゃんたち（息子の家族）が元気に過ごせますように。お兄ちゃんが描く絵が立派な作品に仕上がりますように

③フランスで暮らすお姉ちゃんたち（娘の家族）が元気に過ごせますように

④メグの放送（ＴＢＳラジオ『池田めぐみＦｉｎｅ!!』毎週木・金・土曜日、午前3時～5時）が長く続きますように

⑤私も少しだけ長生きができますように

10円玉ひとつでこれだけお願いされるのですから、神様も大変です。

加茂神社

6

上尾

Ageo

上尾⇒桶川：3.6km

孝女？　それとも遊女？
薄幸の美少女のお墓の不思議

上尾～桶川宿間は、3・6キロとかなり短い距離です。JR高崎線で2駅分でも、帰りの電車では「ほう、今日もけっこう歩いたんだな」とそれなりの満足感が得られます。

上尾駅を出て、まずは**遍照院**を訪ねました。14世紀の室町時代に開山された由緒あるお寺で、本堂には見事な2体の不動明王像があり、間近で見ると本当に迫力があります。

境内には「**孝女お玉の墓**」があります。貧しい家計を助けるために、11歳のときに越後からここ上尾に自ら身売りし、20歳の若さで病没したお玉を供養したものです。中山道のガイドブックや解説書の多くは、「孝女」ではなく「遊女」と紹介されています。なぜでしょうか。

遍照院を出て少し北へ行くと、「**彩の国平成の道標**」と刻まれた石碑が立ち、側面には中山道上尾宿と刻まれています。そして、瓦屋根に鍾馗《しょうき》様を戴いた案内板に、上尾宿の説明がいろいろと書いてあります。かつてこの地は紅花の産地として広く知られていたこと、その昔「鶴松」「亀松」と呼ばれた2本の老松が立ち、街道筋で有名だったことなどが紹介されていました。

ちなみに屋根の上の鍾馗様は、疫病神を追い払う神として置かれたもので、中山道のほかの宿場町ではみられない、上尾宿特有のものだったそうです。もっとも、現在でもこのように鍾馗様を置いた瓦屋根など、恐らく見ることはできないでしょう。

彩の国平成の道標・上尾宿碑

遍照院・孝女お玉の墓

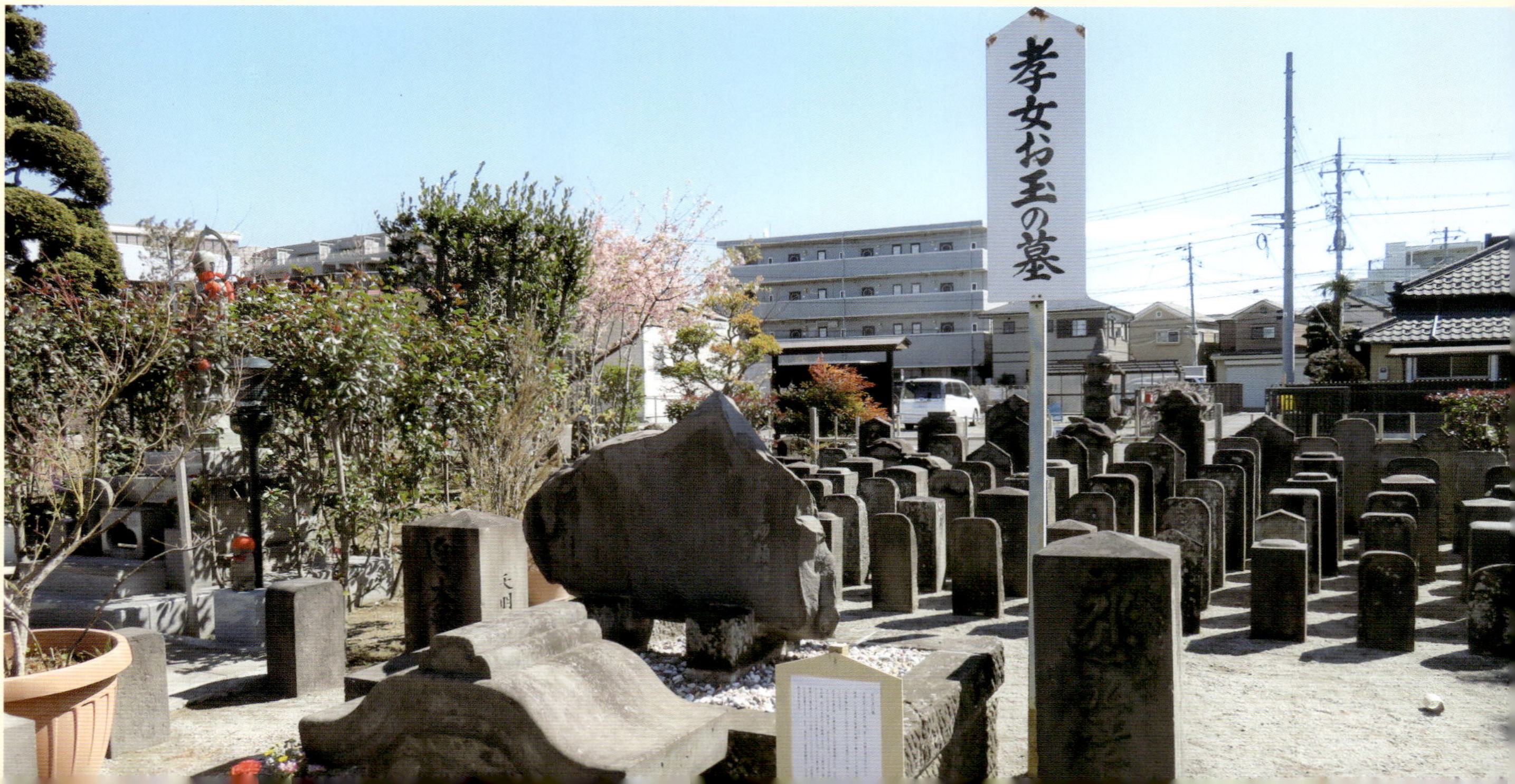

7
桶川
Okegawa
桶川⇒鴻巣：7.2km

島村家住宅

中山道の面影がそこかしこに残る日本有数の紅花の産地

桶川近辺は、車では何度か通ったことがありますが、歩くのは初めてです。桶川駅は小さな駅で、あまり派手さはありませんが、昔を偲ばせる建物が中山道沿いに残っていて、風情があります。

写真の**島村家住宅**は1836年築の穀物問屋で、天保の大飢饉の際に飢餓に苦しむ人に仕事を与えたことから「お助け蔵」と呼ばれていたそうです。

島村家住宅のすぐ近くには、同じくどっしりとした蔵造りの**矢部家住宅**があります。こちらは明治時代に建てられたものですが、矢部家は江戸時代から穀物問屋として、また紅花商人として繁盛していました。

桶川名物の和菓子「**紅花まんじゅう**」を販売する「**べにっこ**」という店も、昔ながらの和風建築です。ひとつ手前の上尾宿も昔は紅花の産地であったそうですが、ここ桶川は山形県よりも古くから栽培が行われていたそうで、現在でも日本有数の紅花の産地として有名です。

次は大雲寺です。ここには「**縛られ地蔵**」なるものがあるとガイドブックに載っていました。境内を探すとそれらしきものがあり、見ると背中に鎹《かすがい》が打ち付けられています。

桶川が宿場町としてにぎわっていた当時、お地蔵さんが夜な夜な女郎を買いに出ていたため、行かせないように鎖でつないでいたのだとか。でも実はこれ、若い修行僧への戒めという意味合いのものなのだそうです。何とものどかなお話です。

矢部家住宅

べにっこ

▶大雲寺にある「縛られ地蔵」。女郎屋通いをやめさせるために背中に打ち付けた鎹に鎖を通して、動けないようにしたのだとか。実は“真犯人”は若い僧で、悪評が立つのを恐れ住職がお地蔵様の仕業ということにして、事なきを得たのだそうです。ユニークな住職ですね。

東間浅間神社

霊峰富士の祭神を祀った神社で孫の健やかな成長を願う

JR高崎線・北本駅を過ぎたあたりに「**東間浅間神社**」があります。武州路の中山道には富士山、浅間山を信仰の対象とする神社がいくつかあります。ここは富士山信仰と浅間山信仰が合わさった神社です。富士山の美しさを崇拝するのと同時に、浅間山の噴火を恐れ、「山が鎮まりますように」との願いから生まれたという言い伝えがあります。

ここ東間浅間神社では、毎年6月30日と7月1日の2日間、富士山の山開きに合わせて「初山参り」という祭事が催されます。子どもの健やかな成長を願って、1歳未満の赤ちゃんがおでこに御朱印を押してもらう行事です。

賽銭箱に10円玉のお賽銭を入れ、大宮の加茂神社のところでご紹介した5つのお願いをしました。特に「初山参り」のご利益にあやかって、フランスにいる孫のルーシーちゃんの健勝を祈願しました。

「鴻巣宿に（大学時代に同じサークルにいた）Hさんの家があるはずだね」と話しながら歩いていると、ガラガラと引き戸を開けて、当のHさんが出てきました。何十年ぶりかの再会に、私たちは道端で立ったまま一時間以上話し込んでしまいました。

こんなことがあるから私たちの旅は時間がかかります。でも、旅はただ目的地に行くだけでなく、どんな体験をしたのかが大切で、時間がかかることは、いろいろな体験したということで、とてもいいことだと考えます。

板橋宿にまつわる不思議な話・意外な話三選

私が生まれ育った町・板橋が宿場として栄えていたころのエピソードです。いずれも地元で口伝いに広まった話なので、真偽のほどは定かではありません。悪しからず。

■其の一　幻の鉄道開通

日本で鉄道が開通したのは 1872（明治 5）年。新橋～横浜間を走る機関車に人々は驚きと興奮を隠せませんでした。それからしばらく後、新橋から板橋にかけても鉄道を開通する話がもち上がりました。しかし宿場の人々は「そんなものを通したら『火を吐く車が走る』と恐れられて、宿場がすたれてしまう！」と反対運動を起こし、あえなくその計画は頓挫。その後板橋宿で大火があり、宿場はすっかりすたれてしまいました。

■其の二　板橋に動物園 !?

板橋宿の東にとても広い加賀藩の下屋敷がありました。戦前から戦時中にかけては造兵廠となりましたが、戦後閉鎖され、誰も管理する人がなく、門も朽ち果て、子どもたちの格好の遊び場となっていました（私もよく遊びました）明治の初めの頃、東京に動物園を開園しようという動きがあり、ここ下屋敷の跡地と上野で争いました。結果はみなさんご存知の通りですが、もし板橋にできていたらどうなっていたのでしょうか。

■其の三　のっぺらぼう現る !?

志村の坂上で酒を飲んだ男が、屋台で締めのそばを食べ、お勘定を終えたときのこと。うつむいたたままの店主に腹を立て、顔を上げるように言うと「こんな顔ですが…」と手ぬぐいを取ったその顔は、真っ白なのっぺらぼうだった。

男は酔いもいっぺんに醒め、「ひゃーっ、で、出たーっ」と坂道を転げるように下りた先に別の屋台を見つけ、駆け込んだ。「出た、出た、のっぺらぼうが出た！」。そう訴えると、屋台の親父は落ち着き払った声で「ほう、のっぺらぼうが出ましたか」。そしてゆっくりと手ぬぐいを取り、「それはこんな顔でしたか？」。親父の顔もまた、のっぺらぼうだった。

男は「うーん」とうなり、目を回してその場に倒れ込んでしまった。

勝願寺

8

鴻巣

Kounosu

鴻巣⇒熊谷：16.4km

コウノトリ伝説に由来する鴻巣から、妻の思い出の地へ

ＪＲ高崎線・鴻巣駅の少し南に、立派な仁王門を構えた古寺があります。鎌倉時代の創建と伝わる「**勝願寺**」です。ここには徳川家康の養女で、のちに真田信之の妻となった小松姫の墓があります。

次は**鴻《こう》神社**です。ここ鴻巣には、コウノトリが災いから守ってくれたという伝説があり、鴻巣の地名もそれに由来するそうです。そしてコウノトリといえば赤ちゃん、ということで、鴻神社は子宝・安産

鴻神社

鴻巣びっくりひな祭りのピラミッドひな壇

のご利益があるそうです。

ここ鴻巣は人形の街です。宿場に入ると有名な人形屋さんがあります。あちらこちらの店先にかわいらしい人形が飾られて、宿場はとても華やかな様子です。毎年2月から3月にかけて「鴻巣びっくりひな祭り」が開催され、日本一の高さを誇るピラミッドひな壇が駅前のデパートに飾られたりします。

その後、**権八延命地蔵尊**や**榎戸堤**などを見ながら荒川の土手をしばらく進むと、**元荒川の源流**がありました。清らかに澄んだ小川で、県魚ムサシトミヨの世界唯一の生息地です。県の天然記念物に指定されていますが、絶滅の危機にあり、めったに見かけることはできません。

荒川土手

元荒川源流

榎戸堤

熊谷市街に入ると中山道の標識が少なくなり、道に迷ってしまいました。古い酒屋の店番のおばさんに訊ねると「さあ、知りませんね。私たちには中山道がどこにあるかなんて関係ありません」とすげない答え。仕方なく、歩いていた若い人に声をかけると、「ちょっと待ってください」と家に戻り、「パソコンで調べて、中山道までご案内いたします」とわざわざ案内してくれました。酒屋のおばさんとのあまりの対応の違い。旅をしているといろいろな人に出会うものです。

9

熊谷

Kumagaya

熊谷⇒深谷：10.8km

八木橋百貨店前の石碑

熊谷本陣跡

糸屋製菓店と翁最中

デパートの中を中山道が通る⁉ こんなことがあっていいのか…

熊谷宿の本陣は、敷地1600坪、建坪700坪、部屋数47を誇る国内最大規模の宿舎でしたが、明治期の火災と戦災で消失してしまったそうです。現在は跡地を示す看板と石碑が立ち、市の史跡に指定されています。

八木橋百貨店という熊谷唯一のデパートの前には「**旧中山道跡**」の石碑があります。実は中山道は、このデパートの中を通っているのです（店内には「旧中山道　通行手形」と掘られたスタンプが設置されています）。いったい土地の所有権はどうなっているのでしょうか。誰が中山道の上にデパートを建てることを許可したのでしょうか。

そんなことを考えながら北上すると、**新島の一里塚**がありました。日本橋からは17里（約67キロ）の距離です。ここには樹齢300年のケヤキの大木が立っています。中山道を行く旅人を見守り続けてきた古木に、「頑張れよ！」と声をかけたくなります。

本日のゴール・深谷宿に着いたその足で、「**糸屋製菓店**」を訪ねました。明治41年創業の老舗で、一番人気の翁最中はカミさんも大ファンです。ネット・電話などの注文は扱っていないので、翁最中を食べたければここまで足を運ぶしかありません。これまで私たちも、深谷の近くまで来たときはたとえ遠回りになってもここに立ち寄って翁最中を買い求めました。何しろあんこ好きのカミさんですから、深谷まで来て糸屋さんに寄らなかったら、どんなに恨まれるか知れたものではありません。

新島の一里塚

10 深谷

Fukaya

深谷⇒本庄：10.6km

酒蔵とレンガの町に東京駅を思わせる豪華な駅舎

深谷といえばネギが有名ですが、明治期以降はレンガ製造でもにぎわいました。「日本経済の父」とよばれ、深谷出身の渋沢栄一らが設立した日本初の機械式レンガ工場で製造したレンガは、東京駅駅舎の建築にも使われたそうです。そのせいか、ＪＲ高崎線**深谷駅**もレンガづくりで、どことなく東京駅に似て、地方の駅としては豪華です。

昔ながらの造り酒屋も多く、レンガづくりの煙突がそびえる酒蔵のどっしりとした外観が、町の景観に溶け込んでいます。

中山道を東に外れた利根川の手前に渋沢栄一記念館があります。その近くに「**深谷宿常夜燈**」があります。旅人のための目印として深谷宿の東西２か所

酒蔵のスケッチ（水彩）

深谷宿常夜燈

百庚申

ＪＲ深谷駅

宝殊寺

に立てられましたが、西の常夜燈は高さ4メートル、中山道の中でも最大級の大きさだそうです。

深谷駅の隣・岡部駅のあたりはおいしい漬物屋さんが多く、たくあんの香りが漂っています。土壌が豊かで、大根などの野菜がたくさん収穫できるのかな、などと思いながら歩くと、**「百庚申」**という無数の庚申塔が並ぶ一角があります。１８６０年につくられたもので、現在は60基ほどが残っています。なんだか、夜に通ったら怖そうです…。

目指す本庄駅の少し手前にある**宝殊寺**は、手入れの行き届いた杉の木立を抜けたところに本堂があり、ちょっとした森林浴といった趣です。

昔と今が見事に調和したような印象の深谷、なかなかいい町でした。

11 本庄
Honjoh
本庄⇒新町：7.9km

本庄市立歴史民俗資料館

中山道で最大規模の宿場町を越え、ついに上州路へ！

ＪＲ本庄駅から中山道を北へ少し進むと、**本庄市立歴史民俗資料館**があります。１８８３（明治16）年に建てられた本庄警察署を復元・改修した建物は、明治期の洋風建築ならではの美しさがあります。入館者が私たちだけだったためか、学芸員さんに温かく迎えられ、展示物の解説とともに古代から現代までの本庄の歴史を丁寧に教えていただきました。

資料館を出ると、和菓子屋さんが目に入りました。１９３３（昭和８）年創業の老舗「**福島菓子舗**」です。

福島菓子舗

安養院・山門

金鑽（かなさな）神社

「和菓子屋は古いお店ほどよい味」「すてきな町にはすてきな和菓子屋があり、おいしいお茶屋さんがある」ということを、今回の旅で実感しました。せいぜい和菓子を4つほどしか買わない私たちに、どの店も親切に応対してくれ、中山道の生の情報をたくさん教えてくれました。

　買い求めた和菓子はお寺の境内や街道にあるベンチに腰かけ、自販機のお茶と一緒にいただきます。歩き疲れた体をほぐしてくれるようです。

　ふたたび歩きはじめ、1475年創建の**安養院**へ。ここは本庄宿で最大の木造建築物であり、総門と山門、本堂は市の指定文化財になっています。中山道の中でも最大規模を誇った本庄宿だけあって、山門のスケールの大きなこと！

　次は541年の創建と伝わる**金鑽《かなさな》神社**へ。絢爛豪華な彫刻を施した社殿の中で、大門は本庄市指定の

神流川

有形文化財になっています。また、境内には埼玉県の天然記念物に指定されている、幹回り5メートルを超える楠の巨木もあります。

日本橋の項で刑場の近くにあった「**泪橋**」についてふれましたが、ここ本庄の泪橋は変わっていて、大名行列の際に人馬の手配などの苦役を課されることを嘆いたことに由来するそうです。石碑の前には当時の橋の欄干の一部が残されています。

神流川を越えると、いよいよ群馬県です。それまでは半分冗談の夢物語であった「京都三条大橋」までの踏破が、現実味を帯びた瞬間でした。

以降、私たちは人に聞かれたときには胸を張って「中山道を京都三条大橋まで歩いていきます」と答えるようになりました。

泪橋跡

12 新町

Shinmachi

新町⇒倉賀野：5.9km

烏川越しに見る上州三山

川端家

伊勢島神社

上毛三山を一望する橋のたもとで すてきな老夫婦と出会う

ＪＲ新町駅から少し歩くと、常夜燈や庚申塔、宝篋印塔などの石造物が豊富な**伊勢島神社**があり、その隣には白壁や土蔵などが無数に並んだ豪壮な屋敷があります。江戸時代後期から明治にかけての豪農・**川端家**の屋敷です。一町屋敷と呼ばれたほどの大きな屋敷です（一般公開はしていないようです）。

烏川にかかる柳瀬橋を渡るとき、遠くに上毛三山（赤城山、榛名山、妙義山）がくっきりと見えました。壮大な景色に気分がよくなり、カミさんと手をつないで歩いていると、年配の女性がニコニコ笑いながら「いいね、若いと。私なんて、最後に手をつないだのがいつだか忘れてしまったよ」と、先を歩くおじいさんを見ながら言いました。そこで私が「おじいさん、ちょっとこっちにおいでよ。奥さんが手をつなぎたいって言ってるよ！」と大きな声で呼び止めました。おじいさんはこちらに戻ってきて、「いいんだよ、私らは」とニコニコ笑います。「ちょっとでいいからつなぎなよ」と水を向けると、二人は照れくさそうに手をつなぎ、それからとてもうれしそうに笑いました。

「お二人から元気をいただきました」と礼を言うと、「私はあなたたちから若さをもらいました」と返されました。とてもいい思い出になりました。

浅間山古墳

古代ロマンをかきたてる古墳群と復元された松並木に感激

ＪＲ倉賀野駅の西側には「倉賀野古墳群」と呼ばれる一角があり、大小の古墳が点在しています。中でも最も大きいのが「浅間山《せんげんやま》古墳」という前方後円墳です。写真上のこんもりとした小山が後円部にあたるところでしょう。

ところで、現在のように道路が整備される前、倉賀野から高崎にかけては、立派な松並木が続いていたそうです。すべて枯れたり伐採されたりしてなくなったのですが、また植えられたようで、味気ない舗装路にアクセントを与えてくれます。

倉賀野の松並木

14
高崎
Takasaki

高崎⇒板鼻：7.2km

▲▶1570年創建の大信寺。2代将軍秀忠の三男で、3代将軍家光の弟である忠長の菩提寺。霊廟は戦災で消失し、戦後に建て替えられた。しかし数々の遺品は消失を免れ、現在も保存されている。

2代将軍秀忠の三男が幽閉され、自刃した高崎城と、そのお墓

JR高崎駅西口から**高崎城**へは、およそ15分ほどです。徳川家康が井伊直政に命じて築城したもので、現在は三の丸外囲の土居と堀、東門などがわずかに残っているのみです。

ここ高崎城は、3代将軍家光の弟・忠長が幽閉され、28歳の若さで自害したところです。すぐ近くの**大信寺**にはその忠長のお墓があり、自害に使った短刀や愛用の硯、自筆の手紙などが位牌とともに保存されているそうです。

高崎の総鎮守・**高崎神社**もあり、近年はパワースポットとして多くの参拝客が訪れるそうです。

さて、私たちは中山道を北上し、「君が代橋」を渡って進路を西へとります。目指すは次の宿場である板鼻です。

高崎城

板鼻堰

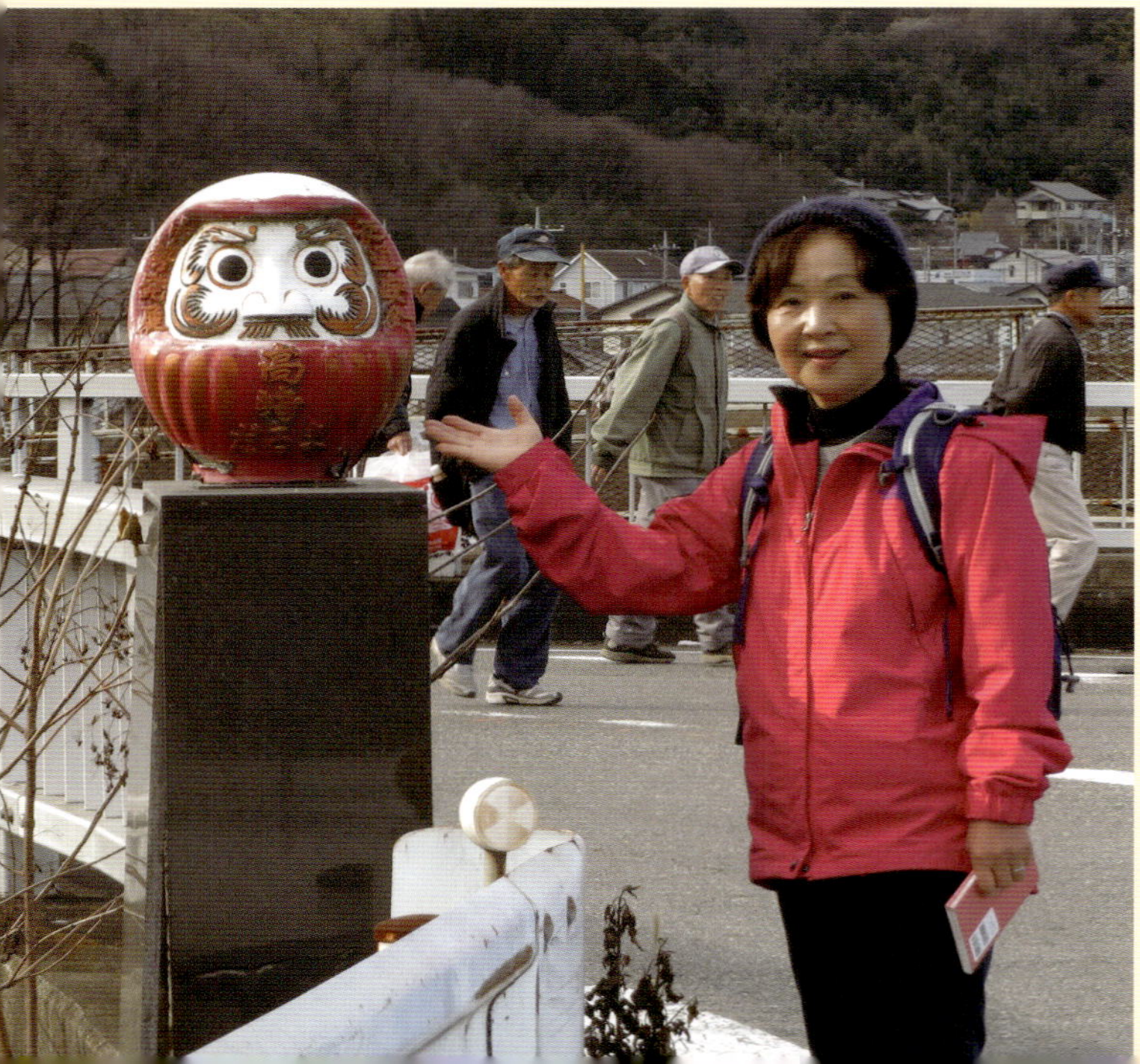

少林山達磨寺参道近くの橋

中山道一の難所と名高い 碓氷川の「徒歩渡し」

板鼻宿の少し手前に、有名な**少林山達磨寺**があります。高崎といえば達磨、といわれるほどですが、ここ達磨寺が発祥と伝わります。

板鼻宿は中山道唯一の碓氷《うすい》川の「徒歩《かち》渡し」があり、中山道一の難所という評価もあります。また、川の増水時には足止めを食ったことから、小さな宿場町ながら54軒もの旅籠がありました。

※板鼻～松井田間は、降雪の影響を考慮し、松井田から板鼻へと、逆のルートをたどりました。ここでは便宜上、順番どおり板鼻～松井田の順で構成しています。

16

安中

An-naka

安中⇒松井田：9.6km

龍昌寺

眞光寺

2つの古寺のそれぞれの鐘と、樹齢400年超の杉並木

安中には多くのお寺があります。写真上の**龍昌寺**は、参道の両側に百八つの梵鐘が並び、小槌で3回（現在・過去・未来）撞くと心が清められるのだとか。また、境内には「世界乗物館」という建物があり、中にはたくさんのミニカーが展示されています。とても珍しいお寺です。

写真右の**眞光寺**には、安中市指定重要文化財になっている鐘があります。この鐘は1781年に「時の鐘」として撞《つ》き始め、以来昼夜怠らずに撞き続けられました。そのため、第二次世界大戦の際に供出を免れ、現在に至っています。

安中原市の杉並木

龍昌寺と眞光寺のちょうど中間あたりに「**安中原市の杉並木**」があります。江戸時代初期に植樹されたといいますから、樹齢400年をとうに超えています。江戸時代末期には約700本が並び、街道に彩りを添えていましたが、徐々に枯死し、昭和初期には約300本に、現在は十数本が残るのみとなってしまいました。もっとも、最近は新たに植樹され、また増えてきたようです。

ところで、ここ安中では1855年に安中藩主板倉勝明が、安中城から碓氷峠頂上の熊野神社までの約30キロ弱を、藩士の心身鍛錬のために走らせ、着順を記録しました。「安政遠足《とおあし》」と呼ばれ、これが日本最古のマラソンといわれています。

現在、毎年5月に「安政遠足　侍マラソン大会」が行われ、県内外から多くの参加者が集まります。熊野神社までの峠コース（約29キロ）と、関所・坂本宿コース（約20キロ）に別れ、参加者が思い思いの仮装をして走るというユニークなマラソン大会です。

旅のお供にはおいしい和菓子と銘茶が一番！

トコトコ歩きの楽しみは、行く先々で立ち寄るお店の数々です。ほとんどが初めて訪ねる店なので、ワクワクします。あんこが大好きなカミさんは、和菓子屋を見つけると吸い寄せられるように入っていきます。私も嫌いではないので、「歩き疲れた体に糖分補給を」の名目で、二人でどら焼きやらおまんじゅうやらを買って食べてしまいます。

和菓子といえば日本茶、というわけで、お茶屋さんにもよく立ち寄りました。桶川では嘉永７（1854）年創業の老舗「島村老茶舗」にお邪魔しました。左下の写真のように風格のある昔ながらの佇まいで、「一服いかがですか」と淹れていただいたお茶のなんとおいしいこと。１袋買い求め、ご主人が時間をかけてゆっくり淹れていたのを思い出しながら家で飲んでみましたが、何度やっても同じ味が出ません。

高崎では「茶舗　水村園」という、こちらも安政４（1857）年創業の老舗を訪ねました。ここの蔵には日本最古の茶葉が保管されているそうです。ここでいただいたお茶も、実においしかったです。

もちろん、お茶の淹れ方にも年季があり、素人が簡単にまねできるものではないのでしょうけれど、旅の空の下、お店のご主人と話しながらいただくという特別な空間が、よりお茶のうまみを引き出してくれるのではないかと思います。

桶川市・島村老茶舗

高崎市・茶舗 水村園

中山道から見た妙義山

妙義山の「目玉」に驚き、横川の食堂でほっこりする

松井田からは妙義山がよく見えます。ダイナミックな山並みが迫ってくるようで、迫力満点です。いつかこのあたりで心ゆくまで絵を描いてみたいと思いながら、ササッとスケッチをしました。

妙義山を左手に見ながら歩くと、JR信越本線西松井田駅の近くに「補陀寺《ふだじ》」があります。北条家の重臣として武田信玄や豊臣秀吉らと対峙した大道寺

妙義山のスケッチ（水彩）

補陀寺

金剛寺

政繁の菩提寺で、政繁はじめ大道寺家のお墓が建っています。

左の写真は、補陀寺から撮影した**「金剛寺」**です。右手の鐘楼の朱塗りの欄干が鮮やかに映えています。

金剛寺は関東八十八カ所霊場や関東百八地蔵尊霊場などの霊場めぐりに選ばれていて、訪れる人の多いお寺です。

「碓石園」と名付けられた庭園がみごとで、四季折々の花が咲き誇ります。

金剛寺の本道前に作られたかまくらに入ってパチリ

信越本線の踏切を渡って妙義山の方向へ行くと、**「五料の茶屋本陣」**があります。学芸員の女性がとても親切に案内してくれ、ここが大名行列や参勤交代の際に休憩所として利用されていたことなどを教えてくれました。

帰りに「今日はとても天気がいいから妙義山の『目玉』が見えますよ」と言うので、教えられた場所に行ってみると…。本当に「目玉」がありました(左ページの写真をご覧ください)。

「夜泣き地蔵」と**「茶釜石」**というユニークな史跡があります。夜泣き地蔵は、その昔、旅人が馬の背に載せた荷物のバランスをとるために、落ちていた地蔵の首を拾って旅を続けたところ、地蔵の首が夜な夜な「五料恋しや」と泣くことから、元に戻したという逸話があります。その手前にある大きな石が茶釜石で、たたくと空の茶釜のような音がすることから名付けられました。

五料の茶屋本陣

▼おわかりでしょうか。妙義山の目玉です。地元の人でもめったに見られることはないそうです。遠目にはとても小さく見えますが、穴はバスが通れるほどの大きさがあるそうです。

妙義山の目

夜泣き地蔵と茶釜石（写真手前の大きな石）

そんなこんなで、やっとのこと本日の目的地、JR横川駅に着きました。国道沿いの「**越後屋食堂**」を訪ねると、あいにく定休日でしたが、松井田から歩いてきたと言うと、「それは大変だ。たいしたものはないし、ごはんも冷たいけど」と出してくれた肉豆腐とモツの煮込みのおいしいこと！　とりわけ小皿のたくあんが美味で、「これはうまい！」と絶賛すると、「それじゃあ持っていくといい。うちで作ったもんだからお代はいらないよ」と丸々1本のたくあんをいただきました。

しっかりと包みましたが、リュックには入りきれません。そのリュックを背負って、私たちはたくあんのすてきな香りと一緒に、新幹線に乗って帰りました。

老夫婦が切り盛りする食堂で、たとえごはんは冷たくても、心の底から温まる、おいしくてうれしい食事をいただきました。

柱状節理

峻険な山道が続く碓氷峠には山姥や山賊が出没⁉

坂本宿から軽井沢宿までは碓氷峠を越えるルートです。碓氷峠越えを経験した人から「横川から越えるより軽井沢から越えるほうが楽だよ」とアドバイスをいただき、逆のルートをたどることにしました。

中山道を歩き始めて初の、本格的な急坂です。着込んでいたセーターを脱ぎ、ハァハァいいながら登

坂本宿が一望できる「覗き」

熊野皇大神社のご神木・シナノキ

熊野皇大神社

ります。

上の写真は「**柱状節理**」という、岩が柱状に割れて、規則的な模様を形成している奇岩です。福井県の東尋坊がこれと同じです。

木立のすき間から坂本宿が一望できる「**覗き**」というスポットも人気で、息をのむほどの絶景にしばし疲れを忘れます。

碓氷峠の中山道はクマザサが生い茂り、人ひとりがやっと歩けるほどの細い道です。こんな道を歩くのですから、昔の殿様も和宮様も、さぞ大変だったことでしょう。

途中、立て札があり、「この辺りに山姥がいて、旅人を苦しめました」「ここは山賊が出没し、旅人の金品を強奪したりしていました」など、物騒なことが書いてありましたが、このあたりを旅情的に知

碓氷峠の山道

るにはおもしろい立て札です。そのほか、「ここに学校がありました」「お茶屋があり、たいそう繁盛していました」などの立て札もありました。

こうして休み休み下り、私たち二人は山姥や山賊、熊に出くわすことなく、標高1200メートルの**熊野皇大神社**に着きました。ここは敷地の中央に長野県と群馬県の県境があり、それぞれにご神体がある珍しい神社です（賽銭箱も2つあります）。左上の写真は長野県側に立つご神木の**シナノキ**です。「信濃の国のシナノキか、なるほど」と、妙に感心してしまいました。

気に入った風景はスケッチブックに残す！

小学校で図工の教師をしていたこともあり、定年後も趣味で絵を描いています。トコトコ歩きの際も、愛用の画材道具一式を持っていきます。そして旅の途中、印象的な風景に出合ったときは、足を止めてスケッチ。その間、カミさんはひとりで周囲を歩いたり、花の写真を撮ったりしています。あまり時間をかけるわけにはいきませんので、下絵だけ描いておき、家に帰ってから仕上げることもしばしばです。

私に感化されたのか、ひとりで待たされるのが退屈だったのかはわかりませんが、カミさんも何枚かスケッチを残しました。

腰を下ろして美しい風景を眺めながら、絵筆を走らせる。いい休息にもなりますし、心の栄養補給にもなります。また、描いた絵をあとから見たときに、そのときの光景や気持ちなどをくっきりと思い出すことができ、これは写真ではなかなか味わえない特別な時間だと思います。

みなさんもたまには絵を描いてみてはいかがですか？　巧拙は関係ありません。見たまま、感じたままを描けばいいのです。

野尻峠でのスケッチ。純子画（水彩）

馬籠峠のスケッチ（水彩）

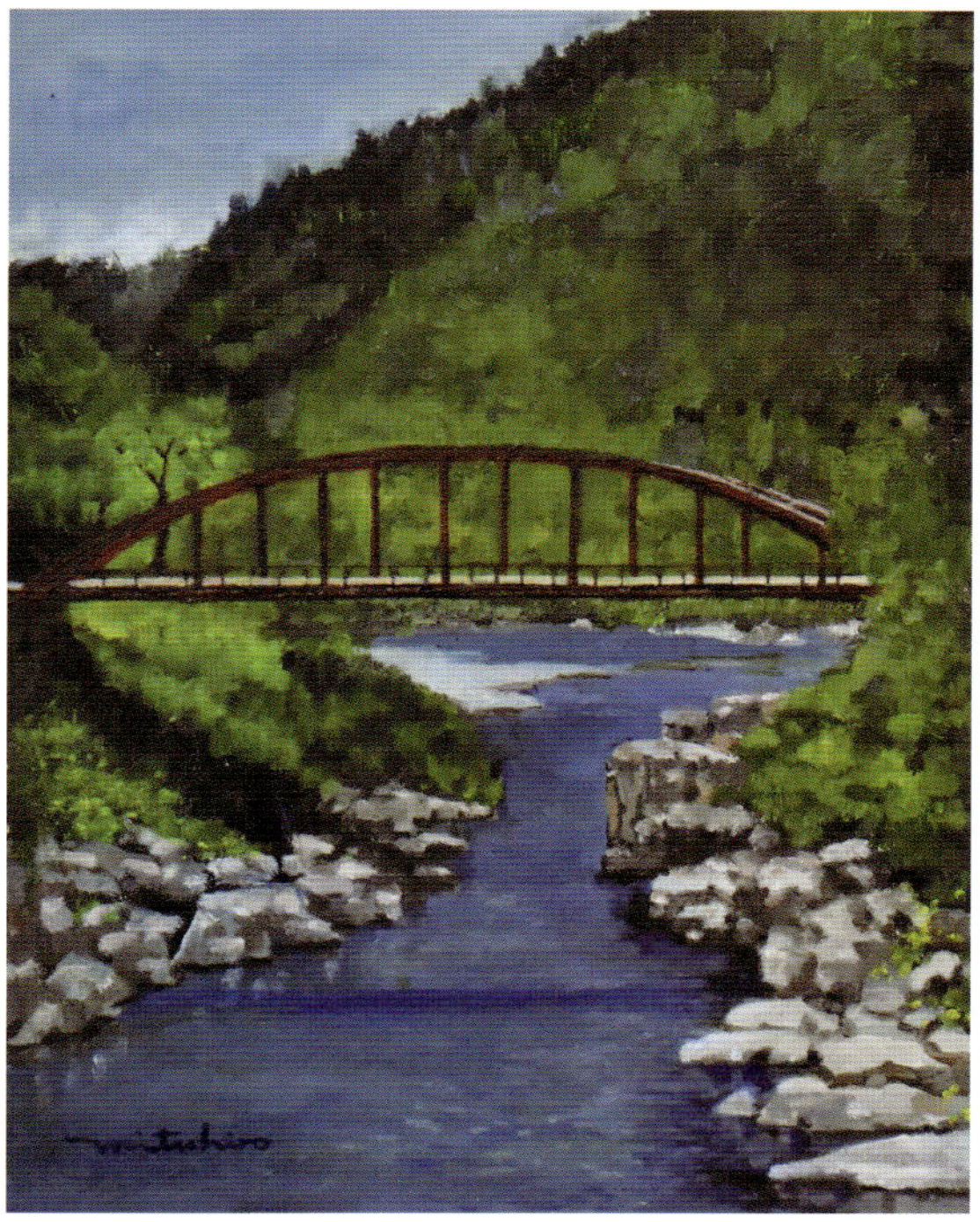

木曽のスケッチ（油彩）

19 20

軽井沢・沓掛

Karuizawa・Kutsukake

軽井沢⇒沓掛：4.5km
沓掛⇒追分：4.3km

軽井沢駅前

雪の軽井沢を歩き、薪ストーブとお汁粉の温かさに癒される

軽井沢からは「しなの鉄道線」というローカル列車と並走するかたちで中山道を進みます。中軽井沢駅の少し手前、長倉神社の境内に「**沓掛時次郎碑**」があります。作家長谷川伸によって描かれた架空の人物ですが、何度も映画やテレビドラマ化され、多くのファンがいます。「中軽井沢」という地名になる前の「沓掛」にちなんだ名前で、沓掛宿を偲ばせるひとつとなっています。

追分宿には本陣跡、脇本陣跡、高札場跡などがしっかりとあり、その他の見どころも多くあります。ていねいに見て回ったら1日がかりとなるでしょう。

追分宿のほぼ中心に、お目当ての「**お茶・食事とギャラリー　ごんざ**」があります。店主は浦和に居住されていたかたで、数年前にここに店を構えまし

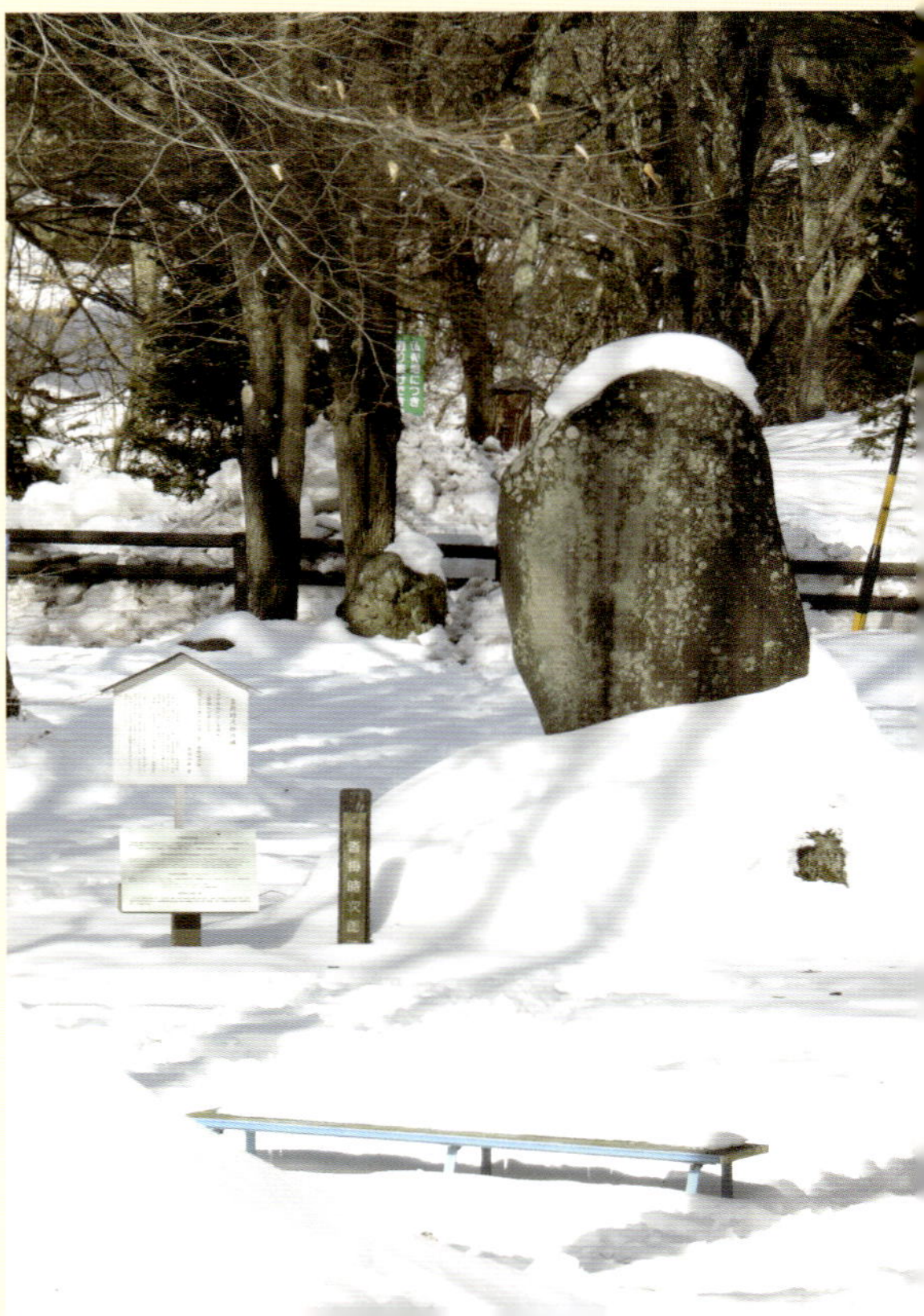

沓掛時次郎碑

堀辰雄文学記念館

お茶・食事とギャラリー　ごんざ

た。中山道歩きを始めたときから、ここに寄ることは決めていました。暖かな薪ストーブにあたり、おいしいお汁粉と昼食をいただきながら2時間ばかり話し込んでしまいました。

　すぐ近くに「**堀辰雄文学記念館**」があります。『風立ちぬ』で有名な堀が肺結核で療養し、最後に過ごした場所がここです。私の高校時代、堀辰雄にあこがれ、読みふけったころを思い出します。

皎月原

21 22

追分・小田井

Oiwake・Otai

追分⇒小田井：5km
小田井⇒岩村田：4.7km

小田井宿跡

樹齢４００年の大ケヤキには、昔話に出てきそうな祠が！

これまでは宿場から宿場まで歩いては自宅に戻り、別の日にまた次の宿場まで歩く、という日帰りスタイルでしたが、今回は軽井沢を出発し、御代田で1泊して塩名田まで歩く行程を組みました。

追分宿から御代田あたりにかけては、浅間山が最も美しく見える、と地元の人に聞いていましたが、雪化粧を施した浅間山はなるほどきれいです。絵筆を握る右手も軽やかです。

御代田を過ぎ、小田井宿へ。役目を終えた火の見やぐらがそのまま残って町に溶け込み、いい景観をつくっています。小さくまとまった、落ち着いた雰囲気の宿場です。

佐久市の文化財に指定されている「**皎月原**《こうげつはら》」は、古文書にも登場する名勝です。

「4世紀に京の女官がこの地に流刑され、彼女が乗っていた白馬が天に昇り…」などという伝説があり、馬が走った跡には草が生えず、大きな円形の地肌が見えていたといいますが、今は一面雪の原です。

岩村田の**住吉神社**には、樹齢４００年のケヤキがあります。高さ15メートル、幹の周囲は7メートルもある巨木です。かつてこのあたりに宿場の入口があったといいますから、旅人はこのケヤキを見て「やっと着いた」とひと息ついたことでしょう。ところでこのケヤキ、裏手に回ると根元の部分にぽっかりと大きな穴が空いています。「こぶとりじいさん」に出てくる祠《ほこら》そのものです。ためしにカミさんが入ってみましたが、写真の通りの大きさです。

八ヶ岳高原線（ＪＲ小海線）の向こうに浅間山

雪の浅間山のスケッチ（水彩）

住吉神社のケヤキ（裏側）

住吉神社のケヤキ（表側）

23 24

岩村田・塩名田

Iwamurata・Shionata

岩村田⇒塩名田：5.1km
塩名田⇒八幡：2.9km

佐久平の雪景色

信玄の遺骨が安置される寺!?
佐久名物の鯉料理は絶品！

岩村田宿の中心部にある「龍雲寺」は、1312年創建の古寺です。武田信玄の信仰が厚く、信濃出征の際は戦勝祈願をしたそうです。信玄の死後、遺骨が密かにここへ運ばれ、副葬品とともに埋葬されたといわれます。1931年にそれらが発見され、霊廟に安置されています。

さて、佐久といえば鯉料理です。立ち寄った和菓子屋でおいしい鯉料理の店を訊ね、教えてもらった

龍雲寺

塩名田宿跡

▲「割烹　あさや」の鯉コース。うろこをカラッと揚げた鯉せんべいや、あらい、唐揚げ、旨煮、鯉の子など、鯉づくしの逸品。

「**あさや**」へ。鯉料理は別の地で何度か食べましたが、これは別格でした。「鯉こく」や「あらい」はもちろん、「うろこのせんべい」や内臓の酢の物など、どれをとっても絶品です。独特の泥臭さがまったくないので店主に聞くと、店の水槽に3年間入れて、泥臭さをしっかり抜いてから調理するのだとか。時間をかけてていねいに調理された料理を、ゆっくりいただく。これって最高の贅沢だと思います。

おなかを満たし、本日の目的地である八幡宿へ。**八幡神社**には、1491年建立の旧本殿「高良社」があり、国の重要文化財に指定されています。

八幡神社

25 26

八幡・望月

Yawata・Mochiduki

八幡⇒望月：3.5km
望月⇒芦田：4.8km

茂田井宿

宿場町の面影を色濃く残す 町並みをトコトコ歩く

八幡宿から望月宿、芦田宿へと続く道は、昔ながらの家並みが残る、しっとりとした雰囲気にあふれています。写真右は**百沢地区**というところで、山間に瓦屋根の家々が並んでいます。

望月宿は決して大きな宿場ではありませんが、江戸時代に旅籠として創業した「**山城屋**」や、国の重要文化財に指定されている「**真山家**《さなやま》」をはじめ、歴史的建築物が大切に残されています。旧本陣跡は現在、**望月宿歴史民俗資料館**として、貴重な資料の数々を展示しています。

百沢地区

若山牧水の歌碑

▶戦国時代の豪族・望月氏の居城であった望月城跡。もともとは鎌倉時代に築城された古城で、一度落城したのち、室町時代に再度築城された。

望月宿と芦田宿の間にある「**茂田井宿**」（右ページ上）は、幕府公認の宿場ではないため、旅籠はなく、もっぱら休憩所として利用された場所です。白壁づくりの建物が並び、とてもいい風景です。１６８９年創業の大澤酒造では、酒蔵に隣接して絵画館や資料館を併設し、絵画などを展示しています。

佐久の鯉を好み、信濃の酒を愛した歌人・若山牧水もこの地をしばしば訪れたとのことで、近くには牧水の歌碑が立っています。

雄大な浅間連峰を遠くに眺めながらトコトコ歩き、立科町役場を過ぎると、芦田宿はもうすぐそこです。途中立ち寄った小さなスーパーの前で、近所のおじさんたち5人が火を囲み、暖をとっていました。私たちが近づくと火の前をあけてくれ、「寒かっただろ」と温かい缶コーヒーを、「疲れただろ」と飴を振る舞ってくれました。体も心も温かくなる、満ち足りたひとときでした。

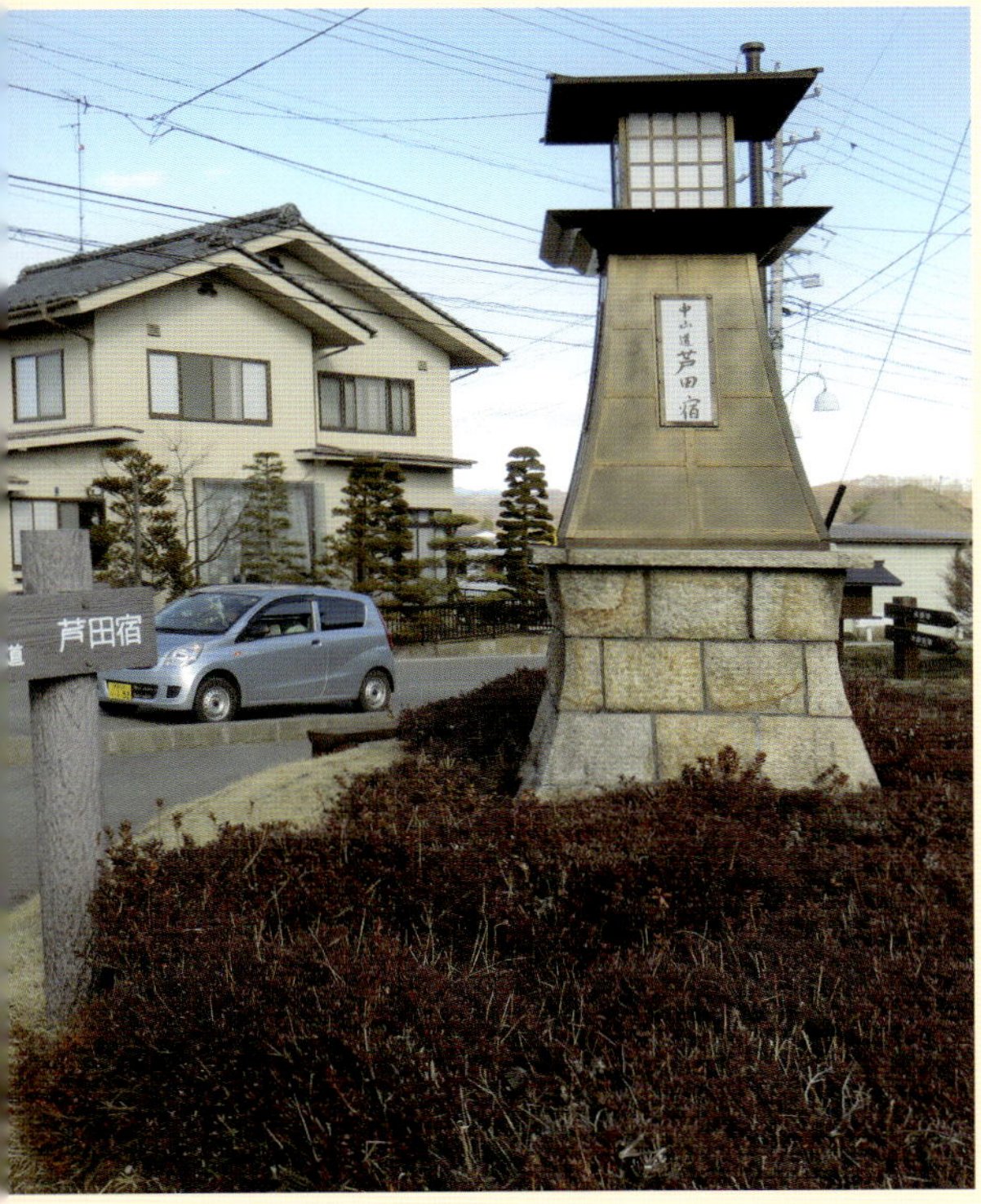

芦田宿入口

笠取峠

春を待っていよいよ峠越え。まずは笠取峠越えに挑む！

芦田宿から先は、笠取峠に和田峠と、峠越えをしなければなりません。登山の経験などほとんどない私たちには厳しすぎます。

というわけで、春を待って訪れました。写真上は笠取峠です。笠が飛ばされそうなほどの強風が吹くことに由来する名前ですが、山の木々がいっせいに芽吹き始めた春の山道は、気持ちのいいものです。

峠を越えると長久保宿です。幕府のお触れや地域の取り決めなどを掲示する「**高札場**」は、2011年に復元されたものです。

和田宿の少し手前に、「**三千僧接待碑**」があります。江戸時代に諸国遍歴をする僧たちをもてなし、それ

長久保宿の高札場

和田宿近くのバス停（同様のバス停が数か所あります）

三千僧接待碑

が1千人に達したことから、一気に2千人増やし、3千人を接待しよう、と発願したものです。石碑は、もともと「一千」だったものに「二」を加えて「三千」としたため、全体の文字がアンバランスになっているのはご愛嬌です。

　和田宿が近づいてきました。茅葺き屋根の東屋でひと休み、と思ったら、これがなんとバス停でした。歩き疲れて火照《ほて》った体に、吹き抜ける風が心地いいです。

　和田宿本陣近くには、戦国時代の川中島の戦いで討ち死にした和田城主・和田信定を弔うため、武田信玄が建立した「**信定寺**」があります。

29 和田

Wada

和田⇒下諏訪：21.2km

西餅屋茶屋跡

和田宿の町並み

中山道最大の難所・和田峠越えは聞きしに勝る急勾配の難関だった

いよいよ中山道最大の難所・和田峠越えです。「**西餅屋茶屋跡**」から「男女倉《おめくら》口」へ、つまり碓氷峠のときと同様、京都側から登って江戸側へ降りるという行程です。あまり細かいことは気にしないでください。この「応用力」が私たち夫婦なのです。

上の写真、カミさんの足元に注目してください。民宿のご主人の忠告にしたがって付けた「熊よけの鈴」です。いざ登ってみると、確かに熊と出会っても不思議ではないような道でした。

きついきつい山道で私たちを癒し、優しく励ましてくれたのは、足元に咲く可憐なスミレやタンポポ

などの花でした。また、途中には愛らしい木彫りの地蔵もあり、見ると**「ゴミ無し童地蔵」**とあります。これはゴミの不法投棄が多い場所に置かれるもので、長野県内にいくつかあります。マナーを守らない人が多いとは、悲しいものです。

　険しい山道をふうふう言いながら登ると、不意に視界が開け、空が大きくなりました。ついに山頂に着いたのです。

　ここからは遠く木曽御嶽山が一望できます。御嶽山を遥拝するのが古くからの習わしで、山頂広場には遥拝所跡があります。この日はあいにくの曇り空でしたが、しばらく眺めていると雲が途切れ、うっすらと御嶽山らしき山影が見えました。とても幸せな気分になりました。

ゴミ無し童地蔵

▲中山道全534kmの行程の中で、最大の難所といえる和田峠。標高1531ｍの急峻な山道を、牛や馬とともに登った旅人の苦労を、しみじみと思う。

山頂の標高は１６００メートルと１５３１メートルの２つの説があるそうです。正確には後者のようですが、道行きのつらさと雄大さを考えると、１６００メートルではないかと思うのです。したがって、人に話すときは「１６００メートルの和田峠を越えてきた」と言うことにします。

さて、登りはきつい坂の連続でしたが、降りるときは比較的なだらかで、ウグイスの声を聞きながら軽やかな気分で歩きました。

「**唐沢一里塚**」を過ぎ、「**東餅屋茶屋跡**」で、宿の人がつくってくれたおにぎりを食べ、「**広原一里塚**」を過ぎると、和田川の源流があります。小さなせせらぎですが、これが千曲川に注ぎ、信濃川となって日本海に注がれます。

和田川源流

唐沢一里塚

接待茶屋

男女倉口

茅葺き屋根の建物は「**接待茶屋**」です。峠越えをする旅人に1杯の粥を振る舞い、焚き火で暖をとらせてくれ、牛や馬には煮麦を与えてくれました。現在の建物は復元されたものです。

ようやく和田峠男女倉口に着きました。この日のゴールに決めていた市営の日帰り温泉「ふれあいの湯」で桜の花びらが浮かぶ大浴場につかり、地元の人とおしゃべりしながら疲れをとりました。

風呂を出て、民宿の車で迎えに来てもらい、おいしい夕食をいただいて、バタンキュー。とても疲れましたが、充実感のある1日でした。

お世話になった民宿をあとに、下諏訪を目指して南下

難関の峠越えを無事に成し遂げ、さわやかな気分で民宿をたちました。若い夫婦でがんばって経営している民宿「みや」でした。ご主人のアドバイスがなければ、容易に峠を越すことはできませんでした。

ご主人に西餅屋立場跡まで車で送っていただき、下諏訪宿を目指します。急斜面にへばりつくように人一人がやっと通れるほどの道があり、こんな道を大名行列が通ったのかと驚くほどの難所があります。それでも降りるにつれて道はなだらかになり、上ではまだ固かった桜のつぼみも、ふもとではきれいに咲き誇っていました。

浪人塚

樋橋茶屋跡

国道に出てしばらく歩くと、「**浪人塚**」があります。水戸浪士「天狗党」と高島・松本両藩が戦った際、戦死者を埋葬した場所で、慰霊碑が建っています。この「天狗党」の名は、中山道を歩く途中で何度か目にしました。「天狗党は本格的に研究したらおもしろいかもしれない」と思わせる不思議なネーミングです。

その近くには「**樋橋《とよはし》茶屋跡**」があります。古くは茶屋が数件あり、にぎわっていたそうです。

このあたりでちょうど標高1000メートル。下諏訪までは長い下り坂が続きます。登りより楽なことは間違いありませんが、油断すると足を痛めてしまいますので、ゆっくり歩くことにしました。

30

下諏訪

Shimosuwa

下諏訪⇒塩尻：11.5km

諏訪大社下社秋宮

全国１万余を数える諏訪神社の総大社・諏訪大社と御柱祭

下諏訪宿といえば、なんといっても「**諏訪大社**」です。全国各地におよそ２万５０００社もある諏訪神社の総大社で、起源は１５００～２０００年前といわれます。

上社本宮、**上社前宮**、**下社春宮**（写真右）、**下社秋宮**（写真上）の４社からなり、諏訪湖を挟んで北側に下社、南側に上社があります。中山道は下社春宮と秋宮を通っています。４社それぞれに立派な社殿があり、信仰を集めています。諏訪地方の信仰の篤《あつ》さと、影響の大きさを感じます。

下社春宮の裏手には、素朴で愛らしい「**万治の石仏**」が鎮座しています。万治３（１６６０）年につくられたことからその名がついています。

諏訪大社下社春宮

木落坂

万治の石仏

さて、諏訪大社といえば、7年に一度催され、日本三大祭りの一つに数えられる「御柱祭」があります。社殿の四隅に建てる「御柱」を曳き立てる祭事で、最大の見どころである「木落《きおとし》」は、樹齢200年のモミの木の巨木に多くの人がまたがり、急斜面を一気に滑り降りるというものです。

毎回多数のけが人が出ますが、それでも諏訪の男衆の心意気で、1200年以上も途切れることなく行われています。

木落が行われる、その名も「**木落坂**」には、観光客向けに「御柱」の見本があります。これにまたがってこの急坂を降りるなんて、諏訪の男たちのなんと勇ましいことでしょう。

31 塩尻

Shiojiri

塩尻⇒洗馬：7.2km

諏訪湖の遠景

雨の塩尻峠を越えると、温かい人情と温かいお茶が待っていた！

今回のトコトコ歩きは、塩尻〜洗馬〜本山〜贄川〜奈良井の行程を2泊3日で歩きます。下諏訪までは自宅から車で行きました。これまでは天気予報をチェックして、晴れた日を選んで歩きましたが、宿泊する場合は事前に宿の予約をするので、天気が悪いからと中止にするわけにはいきません。

前回、和田から下諏訪まで歩いたときは上の写真のように晴天でしたが、今回は雨。塩尻峠からの眺めは格別らしいのですが、残念ながら景色を楽しむことはできませんでした（上の写真は、後日晴れた日に撮影したものです）。

峠を越え、人家が見えてきたころ、ようやく雨があがりました。**東山一里塚**を過ぎ、長野自動車道を越えてさらに進んだところに「**首塚**」があります。

東山一里塚

塩尻峠

首塚

１５４８年、武田信玄と小笠原長時が合戦した際、武田勢に大敗した小笠原勢の戦死者およそ１０００人が葬られています。近くには「**胴塚**」もあります。

すっかり雨があがり、歩きやすくなった舗装路を歩いていると、とてもすてきな民家がありました。手入れの行き届いた緑豊かな庭と、立派な雀踊り（屋根の上の飾り）を戴いた、諏訪地方特有の本棟造りの古民家です。思わずカメラを構え、夢中でシャッターを押していると、中からおかみさんが「どこから来ましたか？」と出てきました。

「日本橋から歩いてきました。今日は下諏訪から

江戸時代初期建築の本棟造りの民家

塩尻峠を越えてきました」

そう答えると、「それはご苦労さま。ちょっと中でお休みなさい」と招き入れてくれ、お茶をごちそうになりました。この家は江戸時代初期に建てられたそうで、45センチメートル四方のどっしりした柱は黒く光っています。立派な甲冑なども飾られています。

厚く、厚く感謝の言葉を残してお別れし、塩尻宿を目指しました。

笑亀酒造

杉玉（酒林）も見事な「**笑亀酒造**」は、1883年創業の老舗で、酒蔵は国の登録有形文化財になっています。店舗も切妻造りの桟瓦葺きで、波頭紋の瓦屋根も美しい限りです。

塩尻宿が近づくにつれて、こうした昔ながらの建物が目につくようになりました。明治期の大火により、多くが焼け落ちてしまいましたが、消失を免れた建物は大切に保存されています。

さて、今日のトコトコ歩きはこれで終了。JR塩尻駅から下諏訪駅まで電車で戻り、車で今夜の宿泊先を目指します。

平出遺跡

平出一里塚

左右2基とも現存する一里塚と広大な遺跡は一見の価値あり！

ＪＲ塩尻駅から改めて洗馬宿を目指して出発。ほどなく**平出一里塚**に到着しました。ここは左右２基とも現存している貴重な一里塚です。

その先にあるのが「**平出遺跡**」です。話には聞いていましたが、とても広く、資料も整っていて、間違いなく第一級の遺跡といっていいでしょう。

縄文時代から平安時代にかけての大集落といわれ、これまでに約３００軒の竪穴式住居や、豪族のものとされる古墳、そして土器や石器、鉄器などが発掘されています。

洗馬宿の家並み

32 33

洗馬・本山

Seba・Motoyama

洗馬⇒本山：3.3km
本山⇒贄川：7.9km

〝そば切り発祥の地〟本山宿でいただいたそばの味は…

洗馬宿は北国西街道（通称善光寺道）の起点でもあることから、善光寺詣での人も集まり、たいそうにぎわった宿場です。写真左は北国西街道との分岐点に建つ常夜燈です。横には「右中山道　左北国脇往還善光寺道」と書かれた道標が立っています。

ここから本山宿はわずかです。本山宿は「そば切り発祥の地」といわれます。そうとくればそばを食べないわけにはいきません。

看板の大きな、地元客と観光客の車でいっぱいの

中山道と善光寺道の分岐点

本山宿高札場跡

本山宿本陣跡

店に入りました。そして出されたそばを食べると…。残念ながら「日光の手前」（今市＝イマイチ）でした。そば通とまではいかないけれど、そば好きな私としては、そばは少し硬さの残ったゆで加減で、細くそろっていてほしいのですが、そうではありませんでした。

本当においしいそばが食べたいと思いながらその店をあとにし、いくらか落ち込んだ気分のまま本山宿本陣跡、脇本陣跡、高札場跡をめぐりました。

34

贄川

Niekawa

贄川⇒奈良井：7.3km

麻衣廼神社

ついに信濃路から木曽路へ。町並みの雰囲気も次第に変わる

贄川《にえかわ》宿から先は、いよいよ「木曽路」です。本陣の少し手前に「是より木曽路」と記された石碑があります。碓氷峠、和田峠などの難所があった信濃路ともお別れです。

その昔、この地では温泉が湧き出ており、「熱川」と書いて「にえかわ」と読んでいましたが、いつしか温泉が枯渇してしまい、現在の表記に変わったそ

「これより南木曽路」の碑

そば屋「ながせ」の藤棚

木曽平沢の町並み

橋戸一里塚跡

木曽楢川小学校

奈良井駅前の佇まい

うです。

贄川駅の少し先にある「**麻衣《あさぎぬ》廼《の》神社**」は、およそ1000年前の創建。諏訪神社と同じ建御名方《たけみなかた》命を祀っています。

昼食で入ったそば屋「**ながせ**」は、味もさることながら（本山宿で食べたそばとは大違いで、「やはりそばはこうでなくては」と思わせるものでした）、客席から眺める庭園の美しさに魅了されました。ちょうど藤の花が見頃を迎え、私たちの目をおおいに楽しませてくれました。

木曽平沢駅周辺には、漆器店が数多く建ち並びます。日本有数の漆器の生産地として知られ、その町並みは漆工の町として大切に保存されています。

「**橋戸一里塚跡**」の先、奈良井宿の少し手前、奈良井川のほとりには、木造校舎の「**木曽楢川小学校**」があります。1991年に新築されたもので、地元の檜をふんだんに使い、木の香りが心を落ち着かせてくれます。この小学校では、給食の際も地元の漆器を使っています。

JR奈良井駅は意外なことに外国人観光客が多く、いくつもの言語が飛び交っていました。

日帰り旅では見ることのできない景色に感激！

私たちのトコトコ歩きは、埼玉県北浦和の自宅を出発し、電車か車で宿場まで行って、そこから次の宿場、距離によってはさらにその次の宿場までトコトコ歩く。そうしてまた電車か車で自宅まで戻るという方法で行ってきました。

しかし、だんだん宿場までの移動距離が長くなり、日帰りがきつくなってきます。そこで、追分宿から先は１泊ないし２泊して、複数の宿場をまとめて歩く作戦をとることにしました。

その土地の料理をいただく夕食は格別でしたが、日帰り旅では見ることのできない風景に出合うことができたことも、貴重な思い出になりました。塩尻宿で見た南アルプスの日没、槍ヶ岳の日没。福島宿でお世話になった旅館「つたや」の夜。誰もいない早朝の馬籠宿…。とてもすべてを紹介することはできませんが、どれも美しく、忘れがたいものでした。

こうした風景を見るたびに、「なんとぜいたくな時間だろう」としばし感慨にふけってしまいます。そうして、「よし、また今日も（明日も）がんばって二人で歩こう！」と決意を新たにするのでした。

南アルプスの日没

槍ヶ岳の日没

夜のつたや旅館

早朝の馬籠宿

35

奈良井

Narai

奈良井⇒藪原：5.3km

奈良井宿の町並み

江戸時代にタイムスリップしたような奈良井宿の町並み

奈良井宿は標高940メートル。夏の日差しでも風はさわやかです。また、宿場の家並みは全長約1キロと、中山道最長の規模を誇ります。宿場町として栄えた頃の景観をそのまま残した町並みは、国の重要伝統的建造物群保存地区に指定されています。まさに江戸時代に迷い込んだかのような錯覚を覚えるほどの見事な景観です。

奈良井川に沿って中山道を進むと、橋桁のない、総檜造りの太鼓橋があります。「**木曽の大橋**」です。橋桁をもたない橋としては日本有数の大きさです。

鳥居峠で出会ったカナダ人の女性と一緒に

鳥居峠の石畳

熊除けの鐘

そこから先、奈良井川を右手に見ながら中山道をしばらく進むと、標高1197メートル、木曽路最大の難所といわれる「**鳥居峠**」の入口です。

石畳の道を進み、やがてそれも途切れて完全な山道となりますが、トチの大木が日陰をつくっていて、快適な山登りです。鳥居峠は外国の人に人気があり、出会った人たちのほとんどが外国の人でした。

さらに進むと、「熊除けの鐘」の立て札があります。和田峠では足元に鈴を付けて歩きましたが、ここでは人間がいることを鐘で知らせるようです。

木曽の大橋

鳥居峠の一里塚を過ぎ、石畳の道を抜けて旧国道に合流すると、今日の目的地・藪原駅はもうすぐそこです。ここから奈良井駅まで電車で戻り、車に乗って4駅先の木曽福島で宿泊します。

明日はまた電車で藪原駅まで戻り、宮ノ越までトコトコ歩く予定です。

鳥居峠の一里塚跡

36 37

藪原・宮ノ越

Yabuhara・Miyanokoshi

藪原⇒宮ノ越：7.5km
宮ノ越⇒福島：7.0km

お六櫛問屋・萬寿屋

JR 中央本線・藪原駅

地元のスター・木曽義仲を偲び、天下の四大関所の一つを訪ねる

レトロな造りの**藪原駅**からスタートです。木祖村史跡「鳥居峠」登り口のポールが立っています。駅の少し手前にある藪原宿名産の「お六櫛」の製造販売を行う「**萬寿屋**」（篠原商店）に立ち寄りました。最盛期には町の約８割の人がお六櫛に関係する仕事に就いていたそうですが、現在ではこのお店でしか作っていないそうです。

義仲館

JR中央本線宮ノ越駅の近くには、郷土の英雄・木曽義仲の文献資料や絵画などを展示した「**義仲館**」があります。入口には義仲と並んだ巴御前の銅像が建っています。資料を見て、義仲の後を必死で追い続けた巴御前に「こんな夫婦がいたのか」と深く感銘を受けました。

さらに駅の近くには、**宮ノ越宿本陣**があります。明治期の大火で消失した本陣のうち、客殿のみが燃え残り、復元されたものが公開されています。

中山道中間地点

次の駅、原野駅を越えてすぐのところに、「**中山道中間地点**」の石柱と案内板があります。江戸からも京都からも、67里28町、２６６キロです。よくぞここまで歩いたな、と思う半面、これまで歩いた距離をもう一度歩くのか、と思うと気が遠くなりそうでした。

右下の写真は幅の細い鉄製の橋で、編み目のすき間から川の流れが見え、なかなかスリルがあります。これも中山道にかかる立派な橋のひとつです。

江戸から69番めの一里塚は、その名もユニークなネーミングの「出尻一里塚」。ここを過ぎてしばらく歩くと、福島宿はすぐそこです。

巨大な**冠木《かぶき》門**をくぐると、碓氷（群馬県）、箱根（神奈川県）、新居（静岡県）と並んで、日本四大関所

宮ノ越宿本陣

福島関所の冠木門

のひとつに数えられる「福島関所跡」です。当時の様子を忠実に再現した「関所資料館」では、関所通行に関する資料や、関所に置かれていた武器などが展示されています。「入鉄砲」「出女」を厳しく取り締まった、中山道の要衝としての面影が偲ばれます。

関所を過ぎると、福島宿本陣跡、高札場跡、さらに松尾芭蕉句碑や島崎藤村文学碑などの史跡が数多くある「福島宿」です。それらをのんびり眺めながら歩き、今日の目的地である木曽福島駅に到着しました。

38

福島

Fukushima

福島⇒上松：9.4km

福島宿を流れる木曽川

旅館の人々と交流を温め、東洋一の枯山水の庭園を訪ねる

福島宿では、木曽福島駅前の旅館「つたや」にお世話になりました。夕食時には女将さんが挨拶に来てくださり、木曽福島地方の興味深い話を聞かせていただきました。その後、大女将がいらして、中山道がにぎわっていたころの話をしてくださいました。そのうち、旦那さん、若旦那、娘さんも顔を見

興禅寺の石庭「看雲庭」

旅館の窓から見た風景（油彩 F6 号）

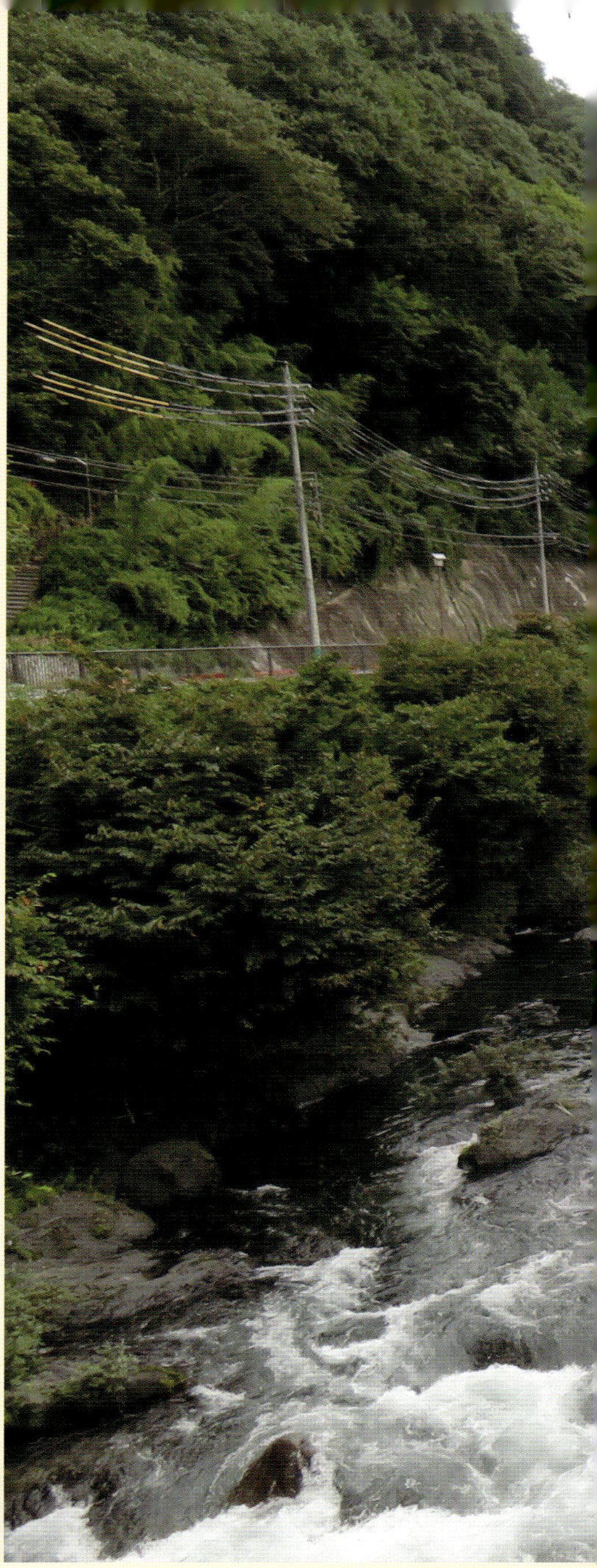

福島宿の町並み

せてくれ、結局「つたや」さんのご家族全員とお話しすることができました。とてもおいしく、楽しい夕食でした。

さて、福島では、木曽家の菩提寺である「**興禅寺**」を訪ねました。ここの枯山水の石庭は東洋一の広さを誇り、雲海の美をモチーフにした見事な景観です。境内のしだれ桜は、義仲お手植えの2代目といわれ、石庭と並ぶ人気スポットです。

玉林院

39 上松

Agematsu

上松⇒須原：12.8km

浦島太郎伝説が残る 木曽川沿いの絶景スポット

ＪＲ上松駅近くにある「**玉林院**」は、門構えの立派な、木曽家ゆかりのお寺です。上の写真、門の奥にあるしだれ桜は、町の天然記念物に指定されています。

さて、ここから須原宿までは、木曽川沿いの見どころが豊富です。「**木曽の桟**《かけはし》」は、木曽川の絶壁に藤の蔓で編んだ丸太の橋で、数百メートルもの長さがありました。右の写真は、花崗岩に穴を空け、丸太を固定していた名残りです。ほか、絶壁に石積みがわずかに残されるだけで、代わりに左ページの鉄橋がかかっています。中山道の三大難所に数えられ、訪れた多くの文人がその険しさを詠んでいます。

木曽の桟跡

かけはしや　いのちをからむ　蔦かづら　松尾芭蕉

かけはしや　水へとどかず　五月雨　正岡子規

巨大な花崗岩が織りなす絶景は「**寝覚の床**」と呼ばれ、木曽路のシンボルとして多くの観光客が訪れます。ここは竜宮城から帰った浦島太郎が目を覚ました場所だという伝説が残り、浦島太郎を祀った「浦島堂」という祠があります。しかしそこに至るまでは巨大な岩をよじ登りながら進まなければならず、私たちは途中で断念しました。

寝覚の床を見下ろす高台に建つ、その名も「**臨川寺**」には宝物館があり、近世の民具などと並んで、浦島太郎が愛用したという釣り竿も展示されています。

木曽八景のひとつに数えられる「**小野の滝**」は、水量はそれほど多くありませんが、落差は20メートルあり、見応え十分です。かつては茶店が建ち、旅人たちでにぎわっていました。現在は滝の上にＪＲ中央本線が通り、昔の面影はありません。

近くに小さな祠があり、その前の木陰でシートを広げ、往時のにぎわいを思いながら、途中の道の駅で購入した「ほうば餅」とサンドイッチをほおばりました。ときおり滝の真上にかかる鉄橋を、ＪＲ中央本線の電車がガタゴトと走っていきました。

寝覚の床

小野の滝

木曽の桟跡にかけられた鉄橋

諸原橋

上の写真は「**諸原橋**」です。床板から欄干まですべて木でできた吊り橋で、車は通ることができません。この日はほかに通る人がなく、私たちは木曽川の流れを眺めながら、しばし心地よい休息をとりました。

川の眺めもさることながら、このあたりから一望する**木曽駒ヶ岳**は絶景です。標高2956メートルと、木曽山脈（中央アルプス）で最高峰を誇り、日本百名山や花の百名山に選出されています。

上松宿から次の須原宿までは、木曽路の中では最長の12・8キロです。途中いろいろな名所・旧跡に立ち寄りながら、すばらしい景色を眺めつつ歩くのは気持ちのいいもので、こころなしか歩いている間はあまり疲れを感じることはありませんでした。

木曽駒ヶ岳

40

須原

Suhara

須原⇒野尻：7.2km

須原宿の町並み

水舟と正岡子規の歌碑

清水湧き出る雨の須原宿には〝木曽の清水寺〟があった！

須原宿のスタートは雨でした。歩きやすさと旅の雰囲気を考え、上の写真のような格好にしましたが、襟元から雨が入ってしまうので、傘をさしました。須原宿は昔からこんこんと清水が湧き出ることで知られ、丸太をくり抜いた「水舟」という水場があちらこちらにあります。誰でも自由に飲むことができ、冷たくてとてもおいしいです。

昔から多くの文人墨客が訪れたところです。写真の水舟の後ろにあるのは正岡子規が訪れた際に詠んだものです。幸田露伴や島崎藤村なども好んで訪れ

定勝寺

定勝寺の庫裡

軒先の水舟

ました。

「**定勝寺**」（写真上）は１４３０年の創建で、興禅寺、長福寺とならび、木曽三大寺のひとつです。桃山様式の代表的建築物で、昭和27年に国の重要文化財に指定されています。ここでは庫裡に入れていただき、掛け軸などの資料や手入れされた庭などをゆっくり見せていただきました。

左ページ上の写真は、江戸中期に建立された「**岩出観音堂**」です。すてきな崖屋造りで「木曽の清水寺」と称されます。この日はあいにくの雨模様で、登り口が濡れていたので、上までは行けませんでした。でも、遠くから眺めてもすてきな建造物です。

岩出観音堂

雨上がりの木曽川

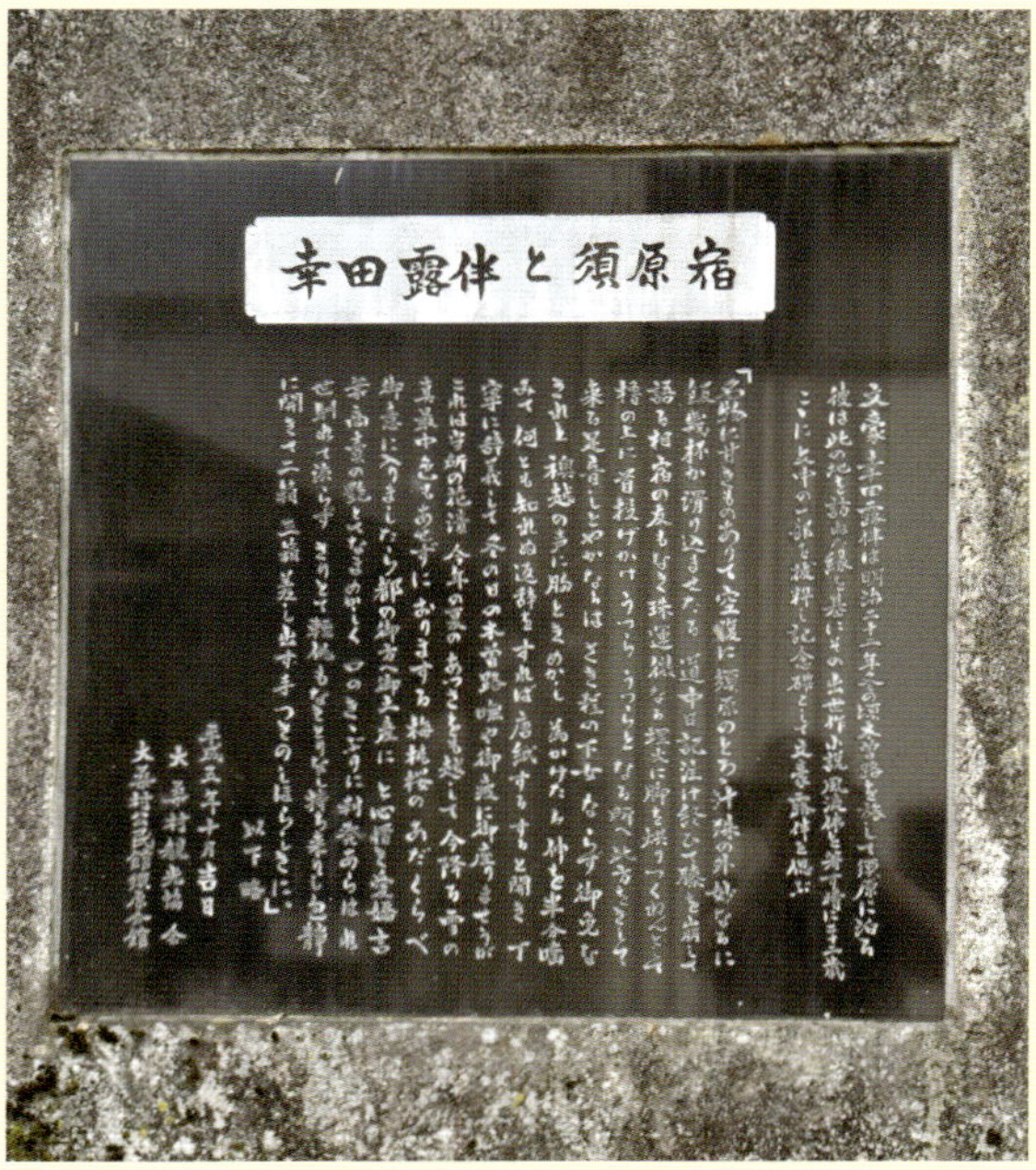

幸田露伴の記念碑

41 42

野尻・三留野

Nojiri・Midono

野尻⇒三留野：10.1km
三留野⇒妻籠：5.6km

南寝覚

上松宿で見た「寝覚の床」が野尻宿にもあった⁉

中山道と木曽川とJR中央本線の線路は、野尻駅から十二兼駅、南木曽駅に至るまで並行しています。一里塚や本陣跡、高札場跡などありますが、あいにくの天候のため、写真に収めることはできませんでした。上の写真は、十二兼駅を過ぎたあたりのもので、「**南寝覚**」と呼ばれています。上松宿の「寝覚の床」にあやかったもので、さながらミニチュアの寝覚めの床といった趣です。

南木曽駅に着くと、そこはもう三留野宿です。この日はこのあたりに宿泊しました。翌朝はすっきりと晴れ渡っていました。写真は妻籠宿の入口です。

「いざ！　中山道　妻籠宿へ！」

妻籠宿の入口

43

妻籠

Tsumago

妻籠⇒馬籠：7.9km

妻籠宿の町並み

早朝の妻籠宿

中山道で一、二を争う人気の宿場を早朝に独り占め！

ここ妻籠宿は、奈良井宿、馬籠宿と並んで中山道と一、二を争う人気の宿場町です。妻籠宿～馬籠峠～馬籠宿をゆく今回の行程は、いわば「中山道ゴールデンルート」です。そんなゴールデンルートを青空と一緒に歩くのですから、私たちは幸せ者です。おまけに朝が早いせいか、人の姿がほとんどありません。どのお店も開店の準備をしています。それで

も、私たちの姿を認めると仕事の手を止め、親切に応対していただきました。

本陣や高札場などをひと通り眺め、いよいよ馬籠峠です。日差しはすでに夏のものでしたが、峠道は木陰で涼しいだろうし、標高８０１メートルといっても、もともと妻籠宿の標高が４３０メートルだから、それほど大変ではないだろうと見込んでいましたが、「**一石栃《いちこくとち》立場茶屋**」に着いたころはへとへとでした。ここでいただいたお茶とあめ玉は、疲れた体にしみわたり、最高の味でした。

峠道で会う人は外国から来たかたです。挨拶は「How do you do!」です。

一石栃立場茶屋

馬籠峠

馬籠峠頂上

茶屋のご主人に聞くと、昨年1年間で4万2800人もの人が訪れたそうです。特に外国のかたからの人気が高いようで、この日出会った人は日本の人が1組で、ほかはすべて外国から来た人たちでした。

頂上は長野県と岐阜県の県境で、行政的にはここから「美濃路」が始まるのですが、馬籠宿が終わるまでが「木曽路」だと思うのです。

44

馬籠

Magome

馬籠⇒落合：4.5km

馬籠宿の町並み

馬籠上陣場跡

坂道の中につくられた宿場は とてもすてきな雰囲気だった

馬籠峠を越え、下っていくと、馬籠宿を一望できる広場があります。「**馬籠《まごめ》上陣《かみじん》場《ば》跡《あと》**」で、恵那山を見渡せます。ここは戦国時代、馬籠城を攻める際に徳川勢が陣を敷いた場所です。

宿場の入口には**高札場跡**があります。左ページ下の写真の右奥にある屋根が、復元された高札場です。

馬籠宿は坂の中にできた宿場です。どこから写真を撮っても坂道が写ります。坂の両側に古い建物が

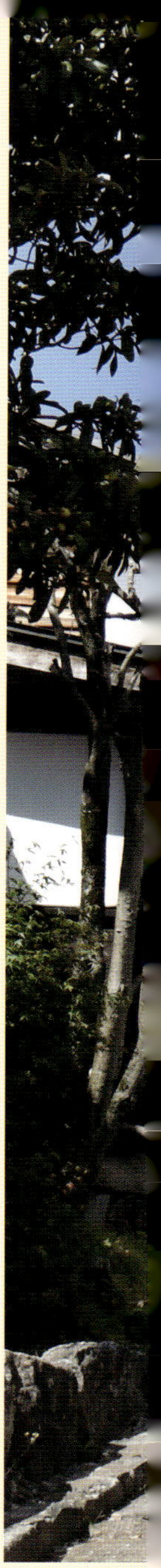

高札場跡

並び、すてきな雰囲気です。

馬籠峠の途中の道端に細い筍《たけのこ》が生えていました。人に踏まれてだめになってしまうより、私が掘って家で料理して食べたほうが、筍のためにはよいだろうと勝手に思い、何本か掘ってリュックに入れました。でも、宿場の休憩所では15本くらいの筍が何と200円で売っていたのでビックリ。家に帰って食べた筍は、苦労して掘っただけあって本当においしかったです。

馬籠といえば島崎藤村を外して語ることはできま

馬籠宿を振り返る

「是より北　木曽路」碑

せん。宿場内には島崎家の墓地があり、『夜明け前』の主人公のモデルとされる藤村の父・正樹の記念碑があります。さらに馬籠宿のはずれに、1940年、藤村が68歳のときに建てられた「**是より北　木曽路　藤村老人**」と彫られた石碑もあります。この石碑は藤村自身が書いたものです。

若いころ『破戒』『夜明け前』『千曲川旅情の歌』などを読んで、その後の人生に大きな影響を受けた私にとっては、感激もひとしおです。

家に帰り、本棚に『島崎藤村作品集』を見つけて読んでみました。でも、字が小さくて、老眼鏡がなければ読めず、読んでも7行くらいで眠くなってしまいます。映像に慣れてしまい、活字を読むのが億劫になっているのです。情けない限りです。

45

落合

Ochiai

落合⇒中津川：3.9km

十曲峠・落合の石畳

江戸時代につくられた石畳がそのまま残る峠道

落合宿へは、十曲峠を越えて行きます。「**落合の石畳**」と呼ばれる峠道は風情があります。文字通り木立に囲まれた石畳の道です。江戸時代に大雨から守るため、尾張藩が自然石を敷き詰めてつくったもので、全長およそ８００メートルのうち、約70メートルは当時のものがそのまま残っています。このようなかたちで現存するのは、東海道の箱根とここだけだといわれています。

途中に「**なんじゃもんじゃの杜**」と彫られた石碑がありました。その名の通り、周囲はなんじゃもんじゃの木で覆われています。

石畳の道を抜けると、「**助け合い大釜**」があります。皇女和宮が江戸に下向する際、宿場の人々が助

「なんじゃもんじゃの杜」碑

門冠の松

け合いながら一行をもてなしたことに由来するもので、現在は宿場まつりの際に「千人きのこ汁」を作って振る舞っています。

その先の善昌寺から生えるのは、樹齢450年の「門冠《もんかぶり》の松」。見事な姿ですが、道路をつくったときに根の部分をかなり傷つけてしまい、樹齢ほどには大きく生育していないそうです。

「『めだかの学校』歌碑」というのどかな石碑に心癒され、「**子野の一里塚跡**」を過ぎると、落合川の清らかな流れが見えてきます。

一気に中津川宿を目指します。

助け合い大釜

落合川

子野の一里塚跡

「めだかの学校」歌碑

46 中津川

Nakatsugawa

中津川⇒大井：9.8km

中津川宿の町並み

老舗和菓子店の銘菓に舌鼓を打ち、畑のおじさんとの交流を楽しむ

JR中津川駅周辺はにぎやかな街並みが広がっています。それが途切れたあたりから古い建物が続き、「中津川宿」らしさが色濃くなってきます。落ち着いた家並みに瓦屋根がとてもすてきです。宿場の入口にあるのは「**茶屋坂の高札場跡**」。ここも当時のものが復元されています。

宿場のほぼ真ん中に和菓子の「**川上屋**」の本店がありました。「へえ、ここが、あの栗きんとんで有名な川上屋か?」と、素直に感心してしまいました。この「栗きんとん」は有名で、東京の大きなデパー

茶屋坂の高札場跡

茄子川の町並み

中津川宿本陣跡

江戸時代に酢の専門店「十八屋」として開業。建物はそのままに、現在は和菓子屋「すや」として営業。名物の栗きんとんが人気

恵那山

恵那山のスケッチ（水彩）

トには置いてあります。歴史を感じさせる店構えでした。

本陣を過ぎ、トコトコ歩いていると、畑で作業をしていた人が「おーい、旅の人！」と声をかけてきました。「旅の人」と呼ばれたのは初めてです。

「こんないい天気に旅をしているあなたたちは運がいいよ。ほら見てごらん。恵那山はここから見るのが一番きれいだよ」と教えてくれました。

恵那駅から見た木曽御嶽山

六地蔵石幢

なるほど、きれいです。その後、畑のおじさんと1時間近く話し込み、私たちが住む町や、この町の様子、このあたりにリニア中央新幹線の車両基地ができるらしいことを聞いたりしました。

こんな素朴な田園風景も、時代の流れとともに変わってゆくのか、と少しさみしくなりました。

中央自動車道中津川ＩＣの近くに、「**六《りく》地蔵石幢《じぞうせきどう》**」という灯籠型の六地蔵があります。江戸時代初期に旅の安全を願って建てられたものだそうです。

このあたり（茄子川地区）は、中津川宿と大井宿のほぼ中間に位置し、かつてはお休み処がいくつもありました。そのせいか、中津川宿の町並み同様、瓦屋根の落ち着いた家並が並ぶきれいな町です。

さらに歩いていくと、中山道は明智～恵那間25キロを結ぶ第三セクターの鉄道「**明知鉄道**」と交差します。２０１８年のＮＨＫ朝の連続テレビ小説『半分、青い。』にも登場したローカル列車です。もとは１９３４年に国鉄明智線として開業しましたが、１９８５年に現在の第三セクターとなりました。

恵那駅はＪＲ中央本線の停車駅でもあります。ここからは木曽御嶽山がよく見えますが、私たちが歩いていた２０１６年６月は、２年前の９月に起きた大噴火の名残りか、まだ噴煙がモクモクと立ち上っていました。

明知鉄道

47

大井

Ooi

大井⇒大湫：13.7km

十三峠登り口

和田峠、碓氷峠に勝るとも劣らない「十三峠」越えに挑む

大井宿から大湫宿までは約14キロ。そのほとんどが十三峠という山道を歩くことになります。名前のついている坂が33箇所もあり、和田峠や碓氷峠よりきつい中山道最大の難所と言う人も多い峠です。

JR恵那駅を出発して、早速十三峠を目指します。この地は平安時代の歌人であり僧であった西行が晩年を過ごした所とされ、峠には西行が硯を洗った「西行硯水」「西行坂」そして「西行塚」など、西行にまつわる史跡が多くあります。ほか、あまりにも急

恵那駅

首なし地蔵

ぼたん岩

紅坂一里塚

坂なため、大名行列が乱れ、旅人の息が乱れ、女性の裾も乱れたことから名付けられた「乱れ坂」という坂もあります。左上の写真は、その名も「**首なし地蔵**」。日没後に歩いたらとても怖そうです。

その下の写真は、牡丹の花のように見えることから「**ぼたん岩**」と名付けられています。昔の旅人は、険しい坂道に名前をつけて、山越えの苦難を紛らわせたのでしょう。

左の写真は「**紅坂一里塚**」です。十三峠にはほか

三十三所観音

に「槙ケ根一里塚」「権現山一里塚」があります。ここの一里塚はいずれも左右の塚がほぼ当時のまま現存する貴重なものです。

上の写真は、峠道も終盤にさしかかったところにある「**三十三所観音**」です。左の写真の案内板をみると、「険しい山越えで行き倒れになった人や馬の霊を慰めるため、大湫宿の伝馬や飛脚が建立した」とあります。私たちは行き倒れになることなく、なんとか無事に峠越えを果たすことができました。

しかし、大湫宿に着いたとき、カミさんに指摘されて驚いたのですが、両手がパンパンに膨れ上がっていました。腫れはしばらくするとひきましたが、後日、医者にそのことを話すと、重いリュックを背負って山道を歩くと、そういうことがあるそうです。でもよくあることだから心配はいらない、とのことでした。

釜戸駅

大湫神明神社の大杉

48

大湫

Ookute

大湫⇒細久手：5.9km

さらなる峠越えに弱音がポロリ 皇女和宮の悲しい歌碑にホロリ

「大湫に 過ぎたるもの二つあり 神明社の大杉と 観音堂」という言葉があります。その一つが左の写真、**大湫神明神社の大杉**です。樹齢1300年、高さ60メートル、幹周りは10メートルもあります。間近で見ると大迫力です。ちなみに、もうひとつの「過ぎたるもの」観音堂も、かつてはここ神明神社にありましたが、現在は別の場所に移されています。

さて、**大湫宿脇本陣跡**や**高札場跡**を眺めながら目指すは細久手宿。でも、その前に**琵琶峠**という難所を越えなくてはなりません。トコトコと峠の入口へ向かうと、道路の脇に巨大な岩が…。これは「**母衣**《ほろ》**岩**《いわ》」といい、すぐ先にあるもうひとつの巨岩「**烏帽子岩**」とセットで「大湫の二つ岩」と呼ばれています。母衣とは、武将が背後から弓を射かけられたときのために、鎧兜の下に着けた袋状の防具で、その形状に似ていることから名付けられました。

そして琵琶峠です。石畳の急坂が730メートル続きます。カミさんは平気で登っていきますが、私

高札場跡

大湫宿の町並み（虫籠窓の家）

は大変です。

「父ちゃん、もうバテたの？　肩を貸してあげようか？」

ありがたいと思いつつ「馬鹿言うな、このぐらいの坂、何でもない！」と言いたかったのですが…。「ちょっと、ちょっと待ってくれ！」とつい弱音が出てしまいます。

ともあれ、やっと頂上に着くと、**皇女和宮の歌碑**があり、「住み馴れし　都路出てて　けふいくひ　いそぐもつらき　東路のたび」と悲しい句が刻まれています。

ここから先は下りです。**八瀬沢一里塚**、**弁財天の池**、**奥之田一里塚**を通って細久手宿へ入ります。一里塚は十三峠のものと同じく、当時の姿をとどめており、遺跡としても重要なものでした。

ちなみに、上の写真は「**虫籠窓の家**」と呼ばれ、2階の窓が文字通り虫籠のようになっていて、近畿地方に多く見られるそうです。

母衣岩

琵琶峠の石畳

奥之田一里塚のスケッチ（水彩）

奥之田一里塚

49

細久手

Hosokute

細久手⇒御嶽：11.8km

大黒屋

幕末時の姿をそのまま残す有形文化財の旅館に宿泊！

細久手宿では、かつて尾張藩の定本陣として使用され、1858年に火災で消失したものの、翌年再建し、以来その姿を今に残す旅館「**大黒屋**」にお世話になりました。

現在は国の登録有形文化財に指定されており、建物を自由に改築したり改修したりすることはできません。階段や襖に描かれた絵、調度品など、すべて当時のまま残されています。

90歳を超えた旅館のおばあさんから、昔は旅館の前が幹線道路で、多くの旅人や物資の輸送に携わる人が行き来し、大いににぎわっていたことなど、たくさんお話をうかがいました。ご主人の心のこもった夕食も、とてもおいしかったです。

さて、大黒屋をあとに、一路御嶽宿へ。本陣跡を過ぎ、「**穴観音**」（九万九千日観音ともいわれ、観音縁日の日にお参りすると9万9000日分のご利益

秋葉坂の三尊石窟

牛の鼻欠け坂

謡坂石畳

穴観音（九万九千日観音）

耳神社

があるとか）を過ぎると、「**秋葉坂の三尊石窟**」があります。1768年につくられたもので、馬頭観音、千手観音、石仏の3体が旅の安全を見守ってくれます。

さらに進むと、「**鴨之巣一里塚**」や皇女和宮が休憩したとされる「**御殿場跡**」などがあり、その先に「**謡坂石畳**《うとうざか》」の石柱があります。その昔、旅人が坂道の苦しさを紛らわせるために歌いながら上ったことから名付けられたのだとか。現在は国史跡に指定されています。

その先は、耳の病気にご利益があるという、その名も「**耳神社**」。最近、どうも聞き取りづらくなっているので、50円玉を投げ入れてお詣りしました。ご利益はあったかな？

そこから先は謡坂も顔負けの「**牛の鼻欠け坂**」。荷物を背負った牛の鼻が地面にこすれ、欠けてしまうほどの急坂だというのがその名の由来です。

50 51 御嶽・伏見

Mitake・Fushimi

御嶽⇒伏見：3.9km
伏見⇒太田：7.9km

願興寺

田んぼの真ん中に、三大女流文学者の廟所があった！

和泉式部廟所

細久手宿から歩いて御嶽宿の少し手前に、**和泉式部の廟所**があります。紫式部、清少納言とならんで「三大女流文学者」と称される和泉式部は、1019年にこの地で没したと伝えられています。碑には「ひとりさえ　渡ればしずむ　うきはしにあとなる人は　しばしとどまれ」という歌が刻まれています。お寺はなく、墓碑だけが田んぼの真ん中にポツンとありました。この光景を見て、私たちは「都」が近づいていることを感じました。

名鉄広見線御嵩駅のすぐ近くに「**願興寺**《がんこうじ》」があります。広く「蟹薬師」と呼ばれて親しまれています。桃山時代に建てられた本堂は「東美濃の正倉院」と称され、国の重要文化財に指定されています。本堂の横にある収蔵庫には、同じく国の重要文化財に指定されている24体の仏像があるのですが、事前に予約しないと拝観することはできません。庫裡の奥にいたおばさんに、無理を承知で「収蔵庫を見学したいのですが…」と言うと、「いま用事を済ませますので、15分後に収蔵庫の前に来てください」と言わ

比衣一里塚

太田橋と木曽川

れ、15分後に訪ねてみると…。先ほどの「おばさん」が法衣に着替えて待っていました。ご住職だったのです。大変失礼しました。

それから収蔵庫の中を案内していただき、大変貴重なお話をいろいろ伺いました。

「**鬼の首塚**」というおどろおどろしい名前の祠があります。鎌倉時代、さんざん悪さをした鬼をとらえて首をはね、桶に入れて京に運ぶ途中、ここで首が落ちて動かなくなったため、そのまま埋めたと伝えられます。

「**比衣一里塚**」は、江戸から96番め、約377キロ歩いたことになります。彼岸花（曼珠沙華）がきれいに咲き誇り、しばし見とれてしまいました。

またトコトコ歩いて伏見宿本陣跡の碑を過ぎ、恵戸一里塚跡を見て、JR太多線を越えると、木曽川にかかる大きな橋「**太田橋**」に着きます。川幅があるので、とても長い橋ですが、歩道と車道が分かれているのでとても歩きやすいです。橋の横には「今渡の渡し場跡碑」が建っています。今も昔も木曽川の増水は人々を悩ませたようで、しばしば川止めになって旅人たちは足止めを食ったそうです。

誰が詠んだか、「木曽の桟　太田の渡し　碓氷峠がなくばよい」と、中山道を旅した者ならば誰もがうなずくであろう句が残っています。

この日はあいにく木曽川に濃い霧が立ちこめていました。霧の中にカワセミの姿を見つけましたが、撮影することはできませんでした。やがて土砂降りの雨になったので、雨宿りをかねて食事をとり、小雨の中を美濃太田駅まで歩きました。

52

太田

Oota

太田⇒鵜沼：7.9km

旧脇本陣林家住宅

板垣退助が名言を発する前日に宿泊した脇本陣跡

太田宿は宿場全体に木のぬくもりが漂う、落ち着いた町並みです。

上の写真は、立派な「うだつ」が特徴の「**旧脇本陣林家住宅**」です。ここは1882年に板垣退助が宿泊した場所で、その翌日板垣は岐阜で演説中、暴漢に襲われました。その際、暴漢に向かって「自由は永世不滅なるべき」と発した言葉が、のちにあの

祐泉寺

太田宿の町並み

旧「小松屋」

有名な「板垣死すとも自由は死せず」になりました。現在も林家のかたが住んでいますが、建物の内部の一部を見学させていただけます。

祐泉寺には、坪内逍遥、北原白秋の歌碑に加え、松尾芭蕉の句碑も建っています。

「春なれや　名もなき山の　朝かすみ」

と刻まれています。

かつて「**小松屋**」という旅籠だった建物もそのまま残り、現在は無料の休憩所として開放されています。坪内逍遥の資料も展示しています。

53

鵜沼

Unuma

鵜沼⇒加納：16.8km

中山道鵜沼宿町屋館　歴史民俗資料館

かつての旅籠を大改修して公開、歴史民俗資料館は一見の価値あり

太田宿から鵜沼宿へは、「うとう峠」という高さ50メートルほどの小山を登ります。「うとう」とは「疎《うと》ましい」に由来し、切り立った崖に阻まれて木曽川沿いに道がつくれなかったため、山越えを余儀なくされたことから、誰ともなくそう呼ぶようになったのだとか。

峠を越えると、そこは鵜沼宿です。復元された高札場を過ぎると、江戸時代に旅籠として多くの旅人

町家館の中庭

釜飯屋「花の木」

の疲れを癒した「絹屋」を改修し、一般に公開した「**中山道鵜沼宿町屋館　各務原市歴史民俗資料館**」があります。中庭を囲むように主屋と附属屋、離れがあり、いずれも各務原市の指定文化財、景観重要建造物となっています。

　建物内部では鵜沼宿にまつわる貴重な歴史資料が数多く展示されています。

　鵜沼宿では、飲食店もレトロな雰囲気が味わえます。上の写真は、先ほどの町家館の近くにある「**花の木**」という釜飯屋さんです。昭和初期に建てられた商家を改修した、ノスタルジックな建物です。

　鵜沼宿～加納宿間は16・8キロと、かなりの長丁場です。でも、鵜沼宿の道はきれいに整備されていて、とても歩きやすいです。

　トコトコ歩いていると、民家の屋根に変わった飾り瓦がありました。本来、厄除けや魔除けとして使われる鬼瓦ですが、写真のように七福神や鶴亀、鯉、鷹などを使うところもあったようです。こんな小さな発見があるのも、トコトコ歩きの醍醐味です。

恵比寿様をあしらった飾り瓦

54 加納

Kanoh

加納⇒河渡：5.9km

乙津寺

◂庵看板。「登録商標　明治水」の文字が読み取れます。「明治水」とは明治時代に販売されていた目薬です。

戦災で焼けた宿場町にも、当時の面影があちこちに…

加納宿は加納城の城下町として栄え、35軒もの旅籠が並ぶ大きな宿場町でしたが、戦災でほとんど消失してしまいました。かわりに本陣跡や脇本陣跡、一里塚跡などの碑があちこちに建っています。

そんななか、「**細畑《ほそばた》一里塚**」は奇跡的に左右とも現存しています。また、左上の写真のような「庵看板」を戴いた瓦屋根など、昔を偲ばせるものがそこここに残っています。

写真上の「**乙津寺《おつしんじ》**」は弘法大師創建のお寺といわれ、自身が彫った弘法大師像ほか、重要文化財に指定された十一面千手観音像や毘沙門天像が安置されています。弘法大師ゆかりの梅の木もあり、広く「梅寺」と呼ばれて親しまれています。

細畑一里塚

人情が心にしみたエピソード四選

道中、人の優しさ、温かさにふれて感激した場面が数多くありました。そのなかから忘れられないエピソードを４つ、ご紹介します。

■其の一　大きな栗の木の下で

伏見宿を歩いていたときのこと。足元に落ちていたイガ栗を拾い、持ち主らしいおばさんに「どの栗も立派でおいしそうですね。うちもこの間、もらった栗を３つ入れて栗ご飯をつくりました」と声をかけると、「３つで栗ご飯？　だめだよ、もっと入れなくては」。そして大きなビニール袋２つに栗をぎっしり詰めて、「持っていきな」といただいてしまいました。天気は小雨でしたが、気分は晴天に変わりました。

■其の二　お代はナシですよ！

中津川宿から大井宿への道中､暑さにバテ気味の私たちに「旅をしているのでしょう？中でちょっと休んだら？」と屋台のおばさん。中に入って椅子に腰かけると、冷たい水ときれいに皮をむいた梨を出してくれました。そのおいしいこと！　お礼に商品の梨を買おうと考えていると「疲れたときは特においしいですよ。持っていって」と、また大きな梨をむいてビニール袋に入れてくれました。お金を払おうとすると「お代はいただけません」。人の好意を受けるのは、本当にありがたいものです。

■其の三　♪迷子の迷子のイケダさん♪

美江寺から赤坂に向かう途中、迷子になってしまいました。コンビニで車を洗っていた人に赤坂までの行き方を訊ねると、「赤坂？　だいぶ方向が違うよ。なに？　中山道を歩いていて迷った？　気の毒に。じゃあ送っていくよ」と車に乗せてくれました。「地獄で仏」とはまさにこのこと。本当に、本当に助かりました。

■其の四　六方焼きをおもとめのあなたにプレゼントです！

醒井宿を歩いた帰り道。カミさんが「どうしても寄りたいところがあるの」と言います。「六方焼き」というお菓子が名物の和菓子屋さん「泡子堂」です。中に入り、六方焼きを買い求めてその場でいただいていると、窓際にあまり見かけない「オモト」がありました。「このオモト、もうすぐ花が咲きそうですね」と声をかけると、「持っていきますか？」と店主。「えっ、いただけるのですか？」と、ありがたく頂戴しました。いただいたマユハケオモトは、今年もきれいな花をつけてくれました。

マユハケオモト

55 河渡 Goudo

河渡⇒美江寺：4.7km

長良川

鮎が泳ぐ清流・長良川には、江戸時代から続く渡し舟がある

河渡橋を渡って美江寺宿を目指します。橋の下は鵜飼いでおなじみの清流・長良川です。橋の上からのぞくと、鮎らしき魚が泳ぐ姿が見えました。

河渡宿には「河渡の渡し」「小紅の渡し」のふたつの渡し舟がありましたが、河渡橋ができたことにより「河渡の渡し」は廃止。しかし「小紅の渡し」は今なお現役です。そして、乗船料は無料というから驚きです。

橋の近くに「**馬頭観音**」があります。中山道の旅の安全を願って１８４２年に建てられたものですが、水害や大地震などの災害のたびに移転を繰り返し、１９８４年に現在の地に落ち着きました。

このあと、小さな川をいくつか渡り（いずれも長良川の支流です）、美江寺宿に到着します。

河渡橋

長良川堤

馬頭観音

56 美江寺
Mieji

美江寺⇒赤坂：8.7km

和田家住宅

静かな農村に古刹が点在する、古きよき日本の原風景が残る町

「美江寺」は、「美しき長江のごとくあれ」と７２３年に伽藍が建立された「美江寺観音」に由来します。ただ、観音像は１５４９年に斉藤道三によって現在の岐阜駅の北側に移され、宿場とは離れてしまいました。

右の写真は「**神明神社**」です。こぢんまりとした神社で、天照大御神を祭神とします。

神明神社

千手観音堂

美江神社

右ページ上の写真は、江戸時代に庄屋を営んでいた「**和田家住宅**」です。大湫宿で見たのと同じような「虫籠窓」がついています。

ここ美江寺は、日本古来の原風景ともいうべき場所で、静かな農村地帯に神社やお寺、古いお堂が佇んでいます。上の写真もそのひとつで、お堂の中には千手観音像が祀ってあります。

左は**美江神社**です。かつて美江寺があった場所で、境内には織田信長の命により新たに建立された美江寺観音があります。

矢橋家住宅

舟待ちの宿場として栄えた町に東海地方最大の古墳があった

赤坂宿は、宿場の東を流れる杭瀬川の舟待ち宿として発展しました。かつてこのあたりでは石灰石や大理石が採掘され、川港がつくられておおいににぎわいました。現在は「**赤坂港跡**」の碑が建っています。

「**矢橋家住宅**」は1833年築で、江戸時代末期を代表する建築技法として、有形文化財に登録されています。右の写真は町屋部分ですが、2階の軒高

矢橋家住宅の町屋

火の見やぐらのある町並み

昼飯大塚古墳

が低い「つし二階」という技法が取り入れられています。窓にはめられた千本格子も凝ったデザインです。

町には大きな火の見やぐらが立ち、赤坂宿のシンボルともいえる存在感を放っています。

「**昼飯《ひるい》大塚古墳**」（個人的には、そのまま素直に「ひるめし」と読んでもらいたいのですが…）は、東海地方で最大の古墳です。4世紀末、古墳時代中期に築かれた前方後円墳で、てっぺんからは伊吹山や大垣の町が見渡せます。

高いところに登り、辺りの景色を見ると「ずいぶん遠くまで来たんだなあ」という感慨が湧いてきます。

58

垂井

Tarui

垂井⇒関ヶ原：5.5km

旅館亀丸屋

関ヶ原の合戦からご神体を守った杉の巨木がある神社

垂井宿は、中山道と東海道を結ぶ追分宿としてにぎわいました。宿場の入口には「追分道標」があります。右の写真は、その少し手前にある**地蔵堂**です。その先にある旅館「**亀丸屋**」は、江戸時代に旅籠として開業し、以来現在まで旅館として営業を続けています。江戸時代から続く旅館は、岐阜県内の中山道では、ほかに細久手宿の「大黒屋」しかありません。建物は1777年に建てられ、1894年の濃尾

地蔵堂

垂井一里塚

垂井宿の町並み

地震の際にも倒壊を免れ、今日までその姿をとどめています。

江戸時代から残っている商家の建物などを眺めながら歩くと、松尾芭蕉が1691年に冬ごもりをしたという「**本龍寺**」に着きます。ここには高札場があったそうです。

その先には「**松島稲荷神社**」があります。昔は限

松島稲荷神社

られた土地や小さな村を「島」と呼び、この地は中山道の松並木沿いの小さな村であったことから「松島」と呼ばれました。

東海道本線の出屋敷踏切を越えます。旧東海道はここからだいぶ離れていますが、東海道本線は旧中山道と並行するように走っています。JR東海道線と中山道、このふたつの道は複雑に絡み合いながら、ともに京都を目指すのです。

国指定史跡になっている「**垂井一里塚**」を過ぎてさらに歩くと「**伊富岐《いぶき》神社**」があります。ここには杉の大木がいくつもありますが、中でも岐阜県の天然記念物に指定されている杉の巨木は、高さ30メートル、目通り6・6メートルもあります。1600年の関ヶ原の合戦の際、社殿は焼き払われてしまいましたが、ご神体はこの杉の木の下に安置されていて無事だったと伝えられています。

JR関ヶ原駅の手前に「**山内一豊陣跡**」の碑があります。いよいよ関ヶ原の合戦の舞台に入ってまいりました。

伊富岐神社

本龍寺

59

関ヶ原

Sekigahara

関ヶ原⇒今須：3.9km

関ヶ原醸造

古来幾多の戦いが繰り広げられた地は、関東・関西の境界だった

道標に「関ヶ原」の文字があります。天下分け目の合戦が行われた地です。東軍を率いる徳川家康は、672年に大海人皇子が壬申の乱を起こしたときに陣を敷いた桃配山に陣を構えます。対する西軍の石田三成は、笹尾山に陣を敷きます。当時とは地形が変わっているとはいえ、桃配山は山の陰に位置し、戦況を知るのに適した場所とはいえません。一方の笹尾山は、関ヶ原を見渡すのにこれ以上はないという場所です。戦況の行方は火を見るより明らかですが…。結果はみなさんも知る通りです。

そんなことを考えながら中山道を歩きます。上の写真は、醤油や味噌を製造・販売する「**関ヶ原醸造**」

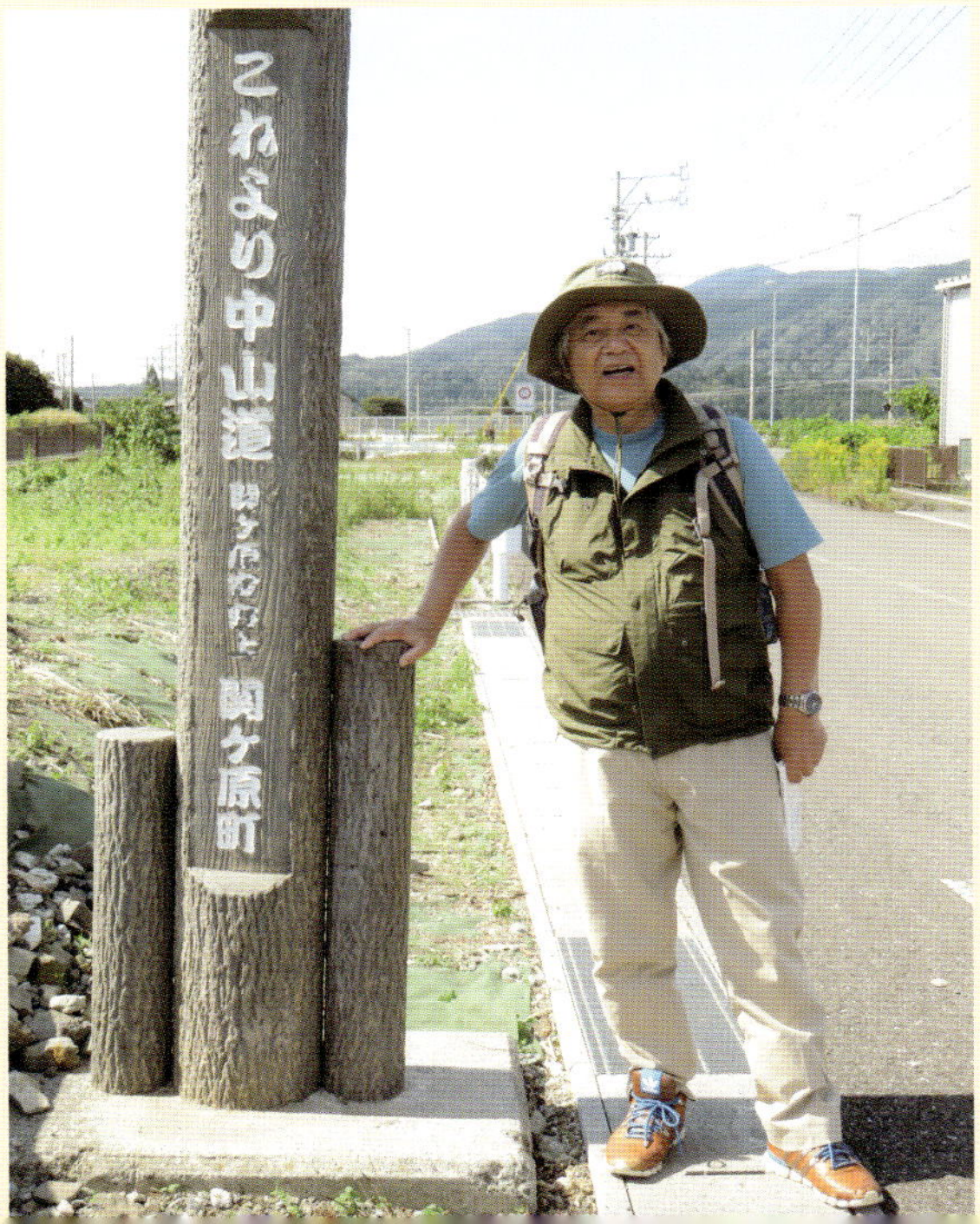

中山道道標

東海道新幹線下のトンネル

です。「宮内庁御用達」の文字が見えます。

脇本陣跡の近くに、「**東首塚**」「**西首塚**」とふたつの首塚があります。案内板によると、関ヶ原の合戦で数千人の戦死者を出したとあります。ここはその首級を葬った場所です。

首塚を過ぎると、「**不破関跡**」があります。壬申の乱を機につくられた関所で、ここを境に関東・関西と呼び分けるようになったといわれます。

東海道新幹線の線路をくぐる（上の写真）と、牛若丸こと源義経の母・**常磐御前のお墓**があります。鞍馬山から東国へ向かった義経を追ったところ、この地で賊に襲われ、命を落としました。それを聞いた義経が、母を襲った6人の土賊を討ち、復讐を果たしたという伝説が残っています。

ＪＲ関ヶ原駅

西首塚

常磐御前の墓

不破関跡

60 今須
Imasu

今須⇒柏原：3.9km

問屋場跡

今須宿本陣跡・脇本陣跡

美濃路に別れを告げ、近江路へ。京は近い！

関ヶ原宿を過ぎると、「**今須峠**」があります。現在は舗装されて歩きやすくなっていますが、江戸時代は急勾配の大変な道だったようです。山頂には茶店が立ち、旅人たちの疲れを癒したそうです。

今須一里塚を過ぎ、峠を越えると「今須宿」です。ここが美濃路最後の宿場です。

上の写真は、本陣跡の先にある「**問屋《といや》場《ば》跡**」です。問屋場とは、荷物や人馬の継ぎ立てを行う場所で、美濃路には16軒の問屋場がありましたが、ここ今須宿にはそのうち7軒もの問屋場がありました。ただ、現存するのはここだけです。

中山道のあちらこちらで見かける松尾芭蕉の句碑は、ここ今須宿にもあります。そして句碑のすぐ近くが美濃路と近江路の**国境**です。細い溝が境界線で、現在も岐阜県と滋賀県の県境です。国境が狭いため、美濃と近江、それぞれに宿泊した人が国境を挟んで寝ながら会話ができたことから「寝物語の里」と呼ばれていました。

美濃国と近江国の国境

61 柏原

Kashiwabara

柏原⇒醒井：3.9km

柏原宿の町並み

ベンガラ塗りの家

伊吹もぐさ亀屋左京商店

朱塗りの民家、もぐさ店の老舗、近江路もなかなか魅力的！

近江路に入って最初の宿場は、柏原宿です。このあたりでは、木の壁を赤く塗っている民家が多く目につきます。ベンガラという赤色顔料で、防腐効果があり、平安時代から木造建築保護のために使われてきた技法です。平安神宮や春日大社などの朱の色は、ベンガラを主に使用しています。

遠慮がちに写真を撮っていたら、その家の人が「好きなだけ撮っていいよ」と言いながら丁寧に説明し

柏原八幡神社

東見附跡

柏原宿の町並み

てくれました。

宿場に入ってすぐ、**八幡神社**がありますが、ここにも松尾芭蕉の句碑があります。

その近くの歴史を感じさせる建物は「**伊吹もぐさ亀屋左京商店**」。1661年創業のもぐさの老舗で、かつては数多くあったもぐさ店も、現在はここだけになってしまいました。

宿場の東側には「**東見附跡**」があります。見附とは宿場の入口に立つ番所で、お城の城門のような役割です。西側には「**西見附跡**」もあります。

日本橋から数えて115番目の一里塚が「**柏原一里塚**」です。きれいに復元され、当時の様子を再現しています。

柏原一里塚

柏原宿歴史館のスケッチ（油彩 F80 号）

柏原宿歴史館

左の写真は「**柏原宿歴史館**」です。１９１７年に染料の商いで財を成した松浦氏が建てたもので、幾重にも連なった瓦屋根がとてもきれいです。絵筆をとりたいところでしたが、あいにくこの日は時間がなかったので写真に撮って家で描きました。

中には、宿場での出来事を綴って役所に届けた「萬留帳」や、禁止していたキリスト教の教徒を取り締まった「宗門改帳」、問屋場にまつわる資料など、貴重な歴史資料が数多く展示されています。

地蔵川と梅花藻

62 醒井

Samegai

醒井⇒番場：3.9km

日本武尊伝説が残る清流の里に、希少価値の高いかれんな花を見た

醒井宿は、清らかな水が流れる宿場として古くから有名です。宿場沿いを流れる**地蔵川**では、冷たい清流でしか見られないという「梅花藻《ばいかも》」が、その名の通り梅の花のようなかれんな花を咲かせ、水面で揺れています。

町の風景もしっとりと落ち着いて、心安らかになります。右の写真は**加茂神社**。古色蒼然とした佇まいです。その横には『日本神話』や『古事記』で、熱病に冒された日本武尊《やまとたけるのみこと》の体毒を洗い清めたという伝説が残る「**居醒泉**《いさめがい》」という湧き水があり、これが「醒井」の地名の由来になったといわれます。

加茂神社

醒井宿の町並み（下の写真も同）

63 番場

Banba

番場⇒鳥居本：4.0km

蓮華寺

『瞼の母』の番場忠太郎の故郷。峠のてっぺんからは琵琶湖を一望

中山道をトコトコ歩き、北陸自動車道米原JCT《ジャンクション》を抜けてすぐ、「久《く》禮《れ》一里塚」があります。

「父ちゃん！　いつも写真を撮ると口がぽかりと開いているよ。少しはまともな顔をしなよ」

カミさんに言われて、口をきちんと結んだのですが…。間抜け顔は治らないようです。

さて、番場宿といえば、ご存知長谷川伸の名作『瞼

久禮一里塚

問屋場跡

番場宿本陣跡

の母　番場の忠太郎』です。「上の瞼と下の瞼を閉じりゃ、優しいおっかさんの姿が…」の名ぜりふを思い出しながら歩きました。

615年に聖徳太子が創建したという「**蓮華寺**」では、本堂の裏手に「忠太郎地蔵」が建っています。

ここ番場宿は、旅籠が10軒しかない小さな宿場町でしたが、物資の往来が盛んで、問屋場が6軒もありました。その跡を示す碑がそこここに建ちます。

本陣跡、北野神社を過ぎると「**摺針峠**《すりはりとうげ》」です。峠道を登り、山頂に着くと眼下に琵琶湖が一望できます。どこまでも広く、そしてきれいな湖です。

64 鳥居本

Toriimoto

鳥居本⇒高宮：5.9km

赤玉神教丸本舗「有川家」

胃腸薬の老舗「赤玉神教丸」、石田三成、そして小野小町…

私たちのトコトコ歩きは米原市から彦根市に入ります。すると、「おいでやす彦根市へ」「またおいでやす」の文字が刻まれた3つの石柱がそびえ立っています。石柱の上には「虚無僧」「旅人」「近江商人」の石像もあります。

そのすぐ先にあるのは、創業1658年、和漢胃腸薬の「赤玉神教丸」の製造・販売を行う有川製薬の総本家「**有川家**」です。写真の建物は国の重要文化財に指定されています。

私も子どものころ、おなかが痛くなると飲まされたものです。懐かしくなって購入しました。その晩、焼き肉を食べ過ぎて12粒飲みました…。

「赤玉神教丸」創業時の看板

彦根市のモニュメント

本陣跡を過ぎ、赤い屋根がかわいらしい近江鉄道本線**「鳥居本駅」**の駅舎を眺めながら歩くと、**「専宗寺」**です。写真を撮っていると、町のボランティアをしているという青年が声をかけてくれ、このお寺について説明してくれました。このあたりは石田三成の居城であった佐和山城の近くで、写真の**「太鼓門」**の天井は、佐和山城城門の門扉を使っているそうです。

写真左は**「小町塚」**です。

平安時代の歌人・小野小町生誕の地とされています。案内板には、その昔、出羽郡司小野義実が奥州に下る際、ここ小野宿に泊まり、生まれたばかりの女の子をもらい受けた。その子は「小町」と名付けられた、と記されています。でも、小野小町ほど日本各地にさまざまな伝説が残っている人はいません。「小野塚」「小町塚」など、各地にありますから、定かではありません。

鳥居本には「三赤」と呼ばれるものがあります。ひとつは「赤玉神教丸」、ひとつは特産品の「すいか」、そしてもうひとつは、ベンガラに渋柿を混ぜて和紙に塗って作った「合羽」です。これが旅人には大好評だったようで、宿場には合羽屋跡があちこちに残っています。

鳥居本駅

専宗寺太鼓門

小町塚

小林家（紙子塚）

65 高宮

Takamiya

高宮⇒愛知川：7.9km

多賀大社の門前町として栄えた宿場に残る芭蕉の足跡

高宮宿は、宿場として制定されるずっと前から「多賀大社」の門前町として栄えていました。右の写真は、その**多賀大社の大鳥居**（高さ11メートル）の裏にある常夜燈です。階段を上って火を灯します。

上の写真は、１６８４年に松尾芭蕉が宿泊した小林家です。そのとき芭蕉が着ていた古い紙子羽織を新しいものと替えた小林家当主が、芭蕉の紙子を庭に埋めて塚をつくり、代々大切に守ってきました。

江戸時代は橋を渡る際にお金を払うのが一般的でしたが、ここ高宮宿には無料で渡れる橋があり、「**無賃橋**」と呼ばれ、今なお残っています。

多賀大社の大鳥居（一の鳥居）と常夜燈

旅先で出合った「おいしいもの」

中山道トコトコ歩きでは、本当にたくさんの人と出会い、お世話になったものです。そしてまた、たくさんの「おいしいもの」と出合い、おなかも心も満たしていただきました。それらは単に「素材がいい」「腕がいい」というだけでなく、作り手の「心意気」や「魅力」が味を引き立ててくれたのだと思います。

大井宿は恵那駅近くにあるうなぎ屋さん「あたりや」は、５年前にご主人を亡くされて以来、ひとりでお店を切り盛りしています。うな重ができるまで、おかみさんはご主人との思い出を、涙をふきながら話してくれました。そしておいしいうなぎをいただき、「無事に京都に着けることを祈ってるよ」「おかみさんも元気でお店を続けてください」とお互いに励まし合って別れました。

柏原宿の「喫茶　柏」は、近所のおじいちゃん、おばあちゃんのたまり場といった風情で、にぎわっていました。私たちを見ると、「旅の人だね。ここに座りなさい」と私たち二人が座る空間をつくってくれました。そしてメニューを見ていると「これにしなさい！」と勧めてくれたのが、この店のオリジナル、名物の「やいとうどん」です。柏原名産の「艾《もぐさ》」をイメージしたとろろ昆布が絶妙なアクセントです。食べながらみなさんとお話しし、とても楽しいひとときを過ごすことができました。

醒井宿の近くにある「虹鱒料理　おたべ」も、おかみさんが一人で切り盛りしています。古くから清流の里として知られる醒井には、日本最古の養殖場があり、そこのマスを注文を受けてからさばくことなどを教えてくれました。2000円の「鱒のコース」を頼みましたが、鱒の甘露煮とフライが絶品でした。

まだまだ書ききれませんが、お世話になったお店のかた、お客さん、本当にありがとうございました！

「喫茶　柏」名物のやいとうどん

66

愛知川

Echigawa

愛知川⇒武佐：9.8km

伊藤忠兵衛記念館の大広間

近江商人発祥の宿場町に日本が誇る総合商社のルーツが

愛知川宿は「近江商人」発祥の地といわれます。古くから近江上布を扱う商人でにぎわい、活況を呈していました。そして、近江商人の魂を受け継ぎ、全国に知らしめたのが伊藤忠兵衛です。伊藤は15歳のときに繊維卸業で身を起こし、のちに大阪で呉服問屋「丸紅」を、神戸で貿易を行う「伊藤忠商事」を設立しました。日本を代表する商社2つをつくったのです。

伊藤の邸宅は現在、「**伊藤忠兵衛記念館**」として一般に公開され、初代忠兵衛、二代目忠兵衛の愛用品やさまざまな資料を展示しています。

伊藤忠兵衛記念館の庭

下の写真は「**びん細工手まり**」といい、愛知川の伝統工芸品です。近江鉄道本線愛知川駅の待合室に飾ってあったものですが、読んで字のごとく、球形のびんの中に手まりが入っています。駅の人に作り方を聞きましたが、よくわかりませんでした。とても不思議な飾り物です。

写真左の**八幡神社**は、創建年は不明ですが、聖徳太子が戦の際に安全を祈願したとされることから、1500年以上の歴史をもつ古刹です。本殿は1671年に建立されたもので、県の有形文化財に指定されています。

八幡神社

びん細工手まり

67 武佐

Musa

武佐⇒守山：13.7km

茅葺き屋根のある町並み

轟橋

脇本陣跡

福生寺の千体仏

茅葺き屋根の落ち着いた町並みに秘仏といわれる「千体仏」を見た

愛知川宿から、武佐宿の途中で、「**五個荘**」の近くを通ります。藁《わら》ぶきの家などがあり、街道の風景に溶け込んで、いい景色です。

細長く伸びた武佐宿には、寺社が多く建っています。織田信長が寄進したという「**奥石神社**」をはじめ、「**鎌若宮神社**」「**東光寺**」「**牟佐神社**」など、いずれも由緒ある古刹です。

左の写真は「**福生寺**《ふくしょうじ》」にある「**千体仏**」です。かつては左上の写真、轟川にかかる轟橋のたもとにあり、「轟地蔵」と呼ばれていましたが、明治以降、橋の改修時にお寺の境内に移されました。

地蔵堂には鍵がかかっていて、中の様子がよく見えませんでした。すき間から覗いていたらご住職がいらして鍵を開けてくれました。そして写真撮影も許可され、こうして記録に残すことができたというわけです。感謝。

68

守山

Moriyama

守山⇒草津：5.9km

曙酒造

幻の宿場!? に数多く残る源義経ゆかりの史跡

武佐宿の次は守山宿なのですが、武佐～守山間は約14キロと長いこともあり、途中に鏡の宿という間の宿が設けられました。間の宿とはいえ、写真右のように本陣も脇本陣もきちんとあります。

ここは、源義経にまつわる史跡がとても多くあります。左のページ上の写真は、義経が源氏の再興を

本陣跡（鏡の宿）

鏡神社

平宗盛終焉の地碑

源義経元服の地碑

祈願した「**鏡神社**」。参拝の際に義経が烏帽子を掛けた「**烏帽子掛けの松**」もあります。

神社の近くには「**源義経元服の地碑**」が建っています。ほか「**源義経宿泊の館跡碑**」もあります。さらにその義経によって討伐された平家の総大将・**平宗盛終焉の地碑**もあります。

こうして鏡の宿を過ぎ、守山宿に入ると、街道沿いには茅葺き屋根の建物があちらこちらに建ち、風情たっぷりです。右ページ上の写真は、造り酒屋の「**曙酒造**」です。

左の写真は鎌倉時代の石仏「**背くらべ地蔵**」。子をもつ親が「わが子もこのお地蔵さんと同じくらいの背になれば一人前」と背くらべをしたことから名付けられました。子を思う親の思いは、いつの時代も変わらないものです。

背くらべ地蔵

69

草津

Kusatsu

草津⇒大津：14.3km

追分道標

ついに中山道は終点！ ここから東海道を歩いて京へ！

草津宿は中山道と東海道が合流する大規模な宿場で、最盛期には１００軒を超える旅籠がありました。合流地点には上の写真のように「右　東海道」「左中仙道」と刻まれた大きな**道標**が建っています。

左の写真は、１４６８年に建立され、国の重要文化財に指定されている「**伊砂砂神社**」です。神社を過ぎると、中山道はアーケードの商店街になります。そして商店街を抜け、トンネルをくぐったところで東海道と合流するのです。

いよいよ中山道はここで終わり。あとは東海道を進んで京都三条大橋を目指します。

伊砂砂神社

脇本陣、本陣へと進み、「**立木神社**」「**野路一里塚**」などを過ぎると、平宗盛の長男・清宗が処刑された「**清宗塚**」があり、その先に「**弁天池**」があります。江戸時代の盗賊が池の中央に浮かぶ弁天島に潜んでいたという伝説が残っています。

JR大津駅の手前、京阪電鉄膳所本町駅の近くにある「**和田神社**」には、樹齢６００年の大銀杏があります。高さ24メートル、幹周りは4・4メートルもあります。関ヶ原の戦いで敗れ、捕らわれた石田三成がこの銀杏の木につながれ、休息をとりました。

隣駅の膳所の近くには「**義仲寺**《ぎちゅうじ》」があり、木曽義仲が眠っています。そしてその隣には俳聖・松尾芭蕉の墓があり、辞世の句「旅に病で　夢は枯野をかけめぐる」などの句碑が建っています。

芭蕉は生前、義理人情に篤い木曽義仲の生き様に感銘を受け、しばしばここを訪れていました。そして「自分が死んだら、亡骸は義仲の墓の隣に葬るように」と弟子に伝えていたのです。

葉が色づいてきました。京はもう、すぐそこです。

本陣跡

義仲寺

和田神社の大銀杏

弁天池

石山寺の紅葉

トコトコ歩きもついにフィナーレ 京都三条大橋で待っていたのは…

ＪＲ大津駅は琵琶湖のすぐ近くです。その琵琶湖から流れる排水河川「**瀬田川**」は、気持ち良さそうにボートを漕いでいる人の姿が見えます。

瀬田川をそのまま下って「**石山寺**」に立ち寄りました。見事な紅葉にしばし見とれてしまいました。それにもまして美しかったのが写真右の「**多宝塔**」です。全国に数ある多宝塔の中でも、ここが一番美しく、立派だと思っています。

東海道に戻って京都を目指すと、「**露国皇太子遭難地碑**」があります。１８９１年、来日したロシア皇太子に、警備中の巡査が切りつけた「大津事件」

石山寺の多宝塔

大津宿の町並み

露国皇太子遭難地碑

東海道立場跡

瀬田川

平安神宮のスケッチ（水彩）

の現場です。

「これやこの　行くも帰るも別れては　知るも知らぬも　逢坂の関」

百人一首でおなじみ、盲目の琵琶法師・蝉丸を祀った「**蝉丸神社**」は「上社」「下社」「分社」からなり、京都を訪れた人の多くが立ち寄るスポットです。その「**逢坂の関**」の跡が右の写真です。常夜燈のほか、すぐ近くに蝉丸、清少納言、三条右大臣の歌碑がそれぞれ建っています。

ＪＲ山科駅の近く、京都六地蔵のひとつ「**山科地蔵**」がある「**徳林庵**」にも寄りました。お寺の方が

逢坂の関跡

南禅寺

山科地蔵

声をかけてくれ、東京から歩いてきたと言うと、「それは大変でした。よろしかったら、お地蔵さんにお会いになりますか?」と言って、庫裡から鍵を持ってきてお堂を開けてくれました。私が抱いていたお地蔵様のイメージとは全然違い、極彩色の衣をまとった立派な姿でした。

その後、**南禅寺**の紅葉を眺めたり、**平安神宮**の鳥居をスケッチしたりと、京都の町をしばし堪能。そしていよいよ、この旅のゴールである**三条大橋**へ向かいます。歩き始めたときは気が遠くなるほどの距離だった京都三条大橋が、もうすぐそこです。

長く、険しく、ときにはつらく、それでも夫婦二人だから楽しく過ごせたトコトコ歩きも、ついにゴールです。

Fin

三条大橋

Sanjou-oohashi

日本橋⇒京都：538km

三条大橋の上で、娘と豪ちゃん（娘婿）が手を振っているのが見えました。もう片方の手には白いテープが握られています。

２０１６年12月５日、午後３時。私たちは手をつないで二人が持っているテープを切りました。感動で目頭が熱くなってきます。

それから橋の上で、娘たちがつくった表彰状をいただきました。

晴れ渡った三条大橋にはたくさんの人の往来があります。みんな私たちに拍手を送ってくれます。

ささやかだけれど、私たちは今、大きなことを成し遂げたという実感を深く味わうことができました。

とても、とても幸せな時間でした。

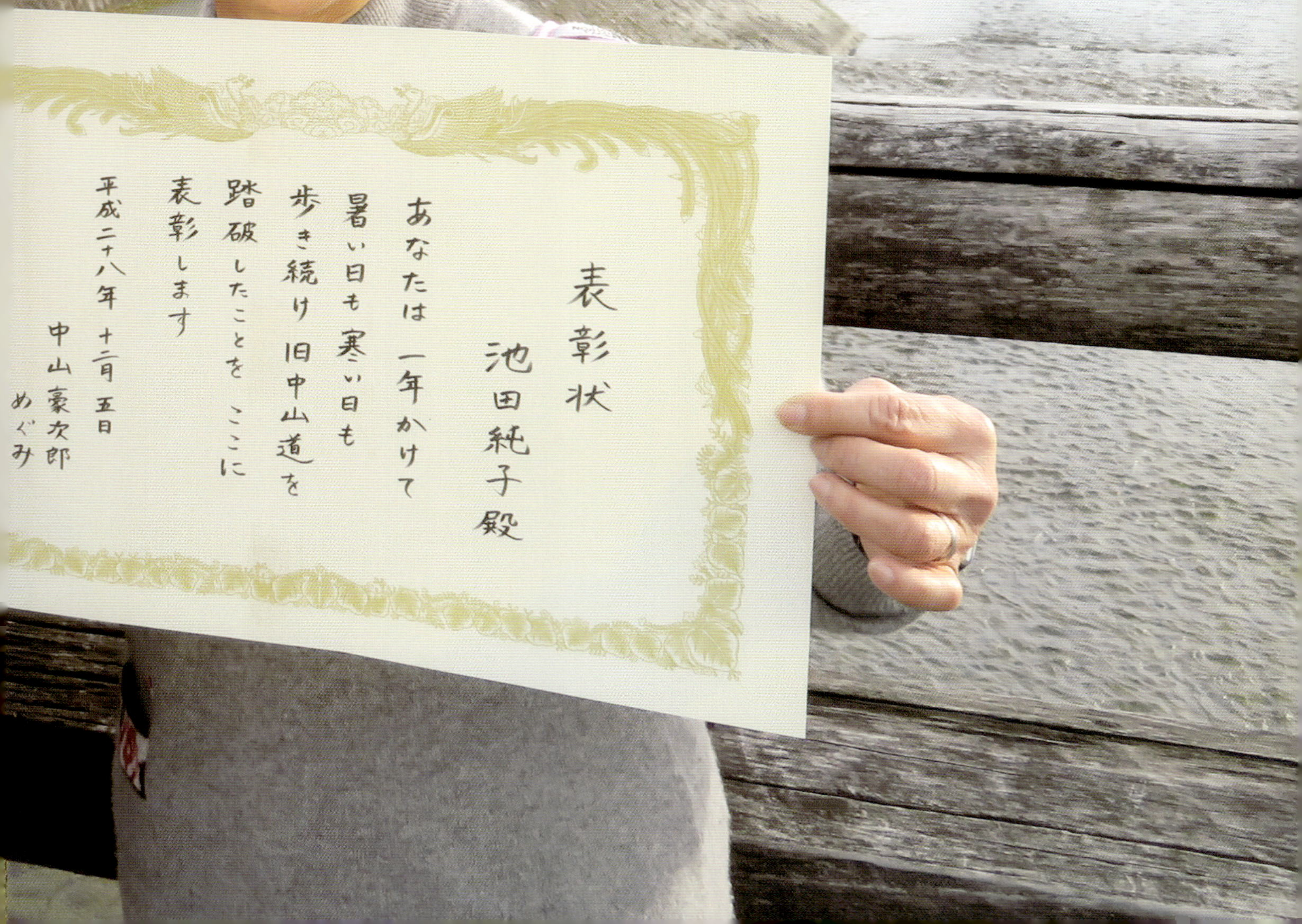

表彰状
池田充宏殿
あなたは 一年かけて
暑い日も 寒い日も
歩き続け旧中山道を
踏破したことを ここに
表彰します
平成二十八年 十二月 五日
中山 豪次郎
めぐみ

トコトコ歩き 行程表

※本文では日本橋の起点を①として構成しています。

日程	歩いた区間	距離（km）
10月14日	自宅—与野—新都心駅	2.2
10月20日	新都心駅—大宮宿④—宮原駅	2.5
10月27日	宮原駅—上尾宿⑤	4.3
10月29日	上尾宿⑤—桶川宿⑥	3.7
11月5日	桶川宿⑥—鴻巣宿⑦	8.3
11月17日	鴻巣宿⑦—吹上	6.2
11月21日	吹上—熊谷宿⑧	9.7
12月4日	熊谷宿⑧—深谷宿⑨	11.9
12月9日	深谷宿⑨—本庄宿⑩	11.1
12月19日	本庄宿⑩—新町宿⑪	9.0
12月27日	新町宿⑪—倉賀野宿⑫—高崎宿⑬	12.8
1月7日	高崎宿⑬—達磨寺—群馬八幡駅	8.0
1月10日	軽井沢宿⑱—碓氷峠—坂本宿⑰—横川駅	12.5
1月14日	松井田宿⑯—安中宿⑮—板鼻宿⑭—群馬八幡駅	14.6
1月22日	日本橋—板橋宿①	10.8
1月26日	板橋宿①—蕨宿②—浦和宿③—自宅	14.0
1月28日	松井田—横川	8.5
2月11日	軽井沢宿⑱—沓掛宿⑲—追分宿⑳—明治屋旅館	12.4
2月12日	明治屋旅館—小田井宿㉑—岩村田宿㉒—塩名田宿㉓	13.0
2月25日	塩名田宿㉓—八幡宿㉔—望月宿㉕—芦田宿㉖＝佐久平＝自宅	11.7
4月23日	芦田宿㉖—長久保宿㉗—和田宿㉘	13.4
4月24日	西餅屋立場後—和田峠—和田宿㉘	15.3
4月25日	西餅屋立場後—下諏訪宿㉙	7.5
5月17日	下諏訪宿㉙—塩尻峠—塩尻宿㉚—塩尻駅＝下諏訪駅（車）	18.5
5月18日	宿泊地＝塩尻駅—洗馬宿㉛—本山宿㉜—片平ダム・バス停・高ボッチ（車）	10.9

駅を出発地（または目的地）とすることが多いため、本文中の宿場間の距離とは異なります。

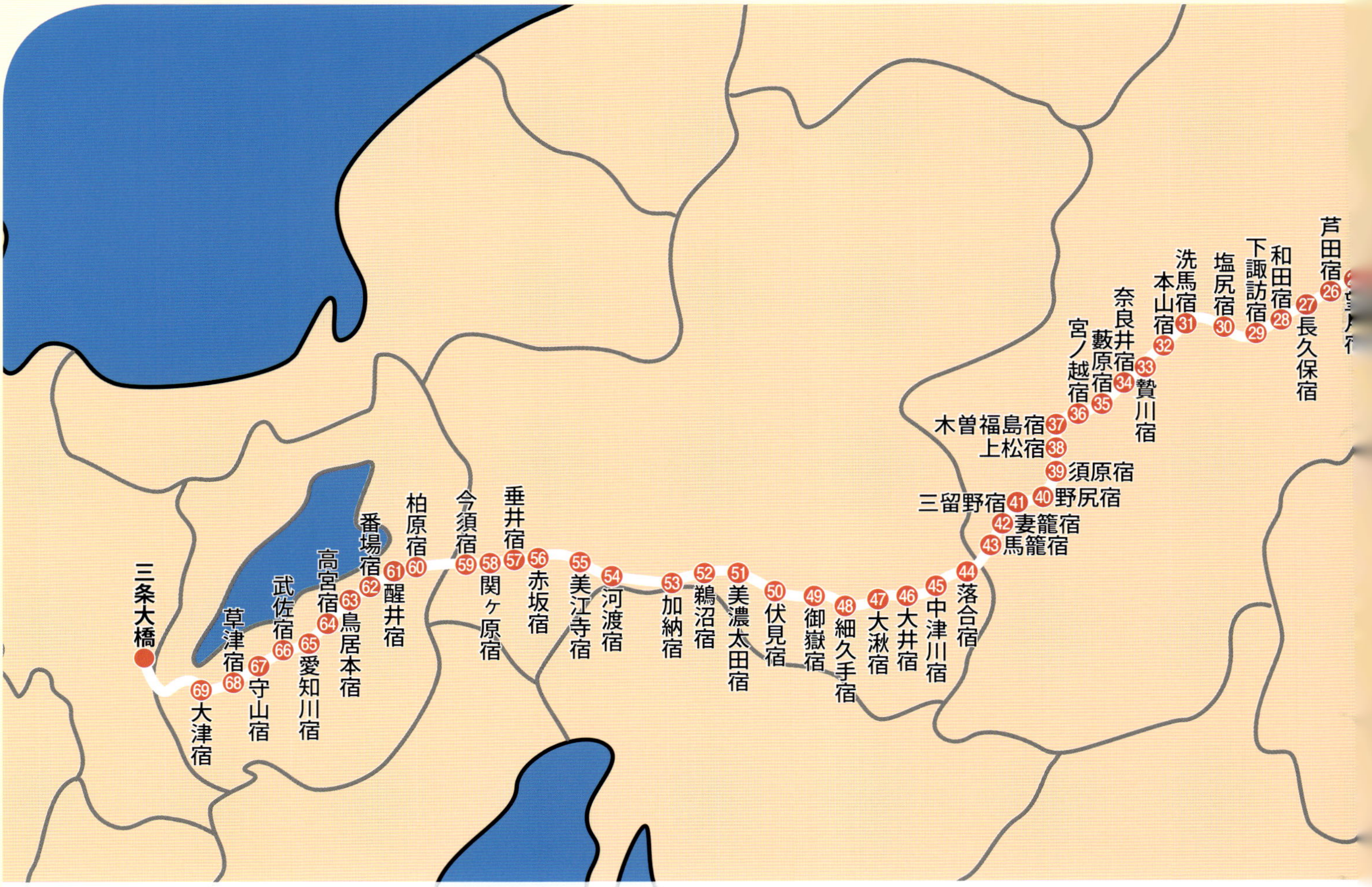

5月19日	宿泊地＝片平ダム—贄川宿(33)—奈良井宿(34)＝片平ダム＝自宅（車）	9・2
5月24日	奈良井宿(34)—鳥居峠—藪原宿(35)＝奈良井駅（車）	5・9
5月25日	木曽福島＝藪原駅—宮ノ越宿(36)—木曽福島（車）	16・2
5月26日	木曽福島宿(37)—上松宿(38)＝木曽福島＝自宅（車）	8・5
6月8日	自宅＝上松駅—須原宿(39)＝上松駅＝宿泊地（車）	13・1
6月9日	宿泊地＝須原宿(39)—野尻宿(40)—三留野宿(41)（南木曽）＝須原駅（車）	17・6
6月10日	三留野宿(41)—妻籠宿(42)—馬籠峠—馬籠宿(43)＝妻籠宿の駐車場＝（車）	11・4
6月26日	＝JR中津川駅＝馬籠宿(43)—落合宿(44)—中津川宿(45)＝恵那駅—宿泊地	8・6
6月27日	宿泊地＝中津川宿—大井宿(46)・恵那＝名古屋＝品川＝北浦和	12・0
7月10日	名古屋＝恵那（大井）—十三峠—大湫宿(47)＝釜戸駅＝恵那	13・1
7月11日	宿泊地（恵那）＝釜戸駅＝大湫宿(47)—十三峠—細久手宿(48)	6・5
7月12日	大黒屋—十三峠—御嶽宿(49)＝新可児駅＝名古屋	11・7
9月28日	御嶽宿—伏見宿(50)—美濃太田宿(51)（美濃加茂）＝御嶽駅＝美濃加茂（車）	12・1
9月29日	太田宿—鵜沼宿(52)—各務原駅＝美濃加茂駅（車）	14・7
9月30日	美濃加茂駅＝各務原駅—加納宿(53)（岐阜駅）＝美濃加茂駅＝自宅・（車）	12・5
10月11日	名古屋＝加納宿(53)（岐阜）—河渡宿(54)—美江寺宿(55)—赤坂宿(56)＝岐阜 《迷子になる》	19・9 6・0
10月12日	岐阜＝赤坂宿(56)—垂井宿(57)—関ヶ原宿(58)＝岐阜	12・2
10月13日	岐阜＝関ヶ原宿(58)—今須宿(59)—柏原宿(60)—醒井宿(61)＝岐阜＝名古屋	13・4
11月8日	醒井宿(61)—番場宿(62)—鳥居本宿(63)—高宮宿(64)＝彦根駅（車）	14・9
11月9日	彦根駅＝高宮宿(64)—愛知川宿(65)＝彦根駅（車）	8・6
11月10日	彦根駅＝愛知川宿(65)—武佐宿(66)＝彦根＝自宅（車）	11・1
11月23日	東京＝米原＝近江八幡＝武佐宿(66)—守山宿(67)＝近江八幡駅＝草津	16・4
11月24日	草津駅＝守山宿(67)—草津宿(68)—瀬田駅	6・8
11月25日	瀬田駅—瀬田の唐橋—石山寺—大津宿(69)＝草津駅＝京都＝東京	13・4
12月5日	東京＝京都＝大津宿(69)—三条大橋	10・7

おわりに

「さいたま市浦和区領家」私たちの住んでいるところです。どこかへ行く時はJR京浜東北線の「北浦和駅」から電車に乗って出かけます。東京に勤めている時は毎日、家から「中山道の交差点」を越えて駅に出ました。そのことはあまりにも当たり前のことで深く考えたことはありません。

「トコトコ歩き」を始めてから、「この道が京都まで続いているのか！」と考えるようになりました。

・この道の先にたくさんの人の営みがあり、その人たちの数だけ物語があります。

・昔、この辺りには人家はほんの少ししかなく、雑木がしげっていて、その林の中に「一本の道」があり、その道を、お大名の行列が通り、お侍さんが通り、お坊さんが通り、商いの人が通り、薬売りの人が通り、旅の役者さんたちが通り、三度笠をかぶった股旅の人が通り…。たくさんの人たちが、それぞれの物語と一緒にこの道を歩いたのかと思うと心が熱くなってきます。

中山道をトコトコ歩いてたくさんの人と出会いました。「もう少し行くと冷たい水を飲むところがあるよ、そこまでもう一息だよ」などなど、地元の人たちから貴重な情報をいただきました。ついつい話し込んでしまい、時間がかかりましたが、とても楽しい時間でした。

道中、たくさんの資料館に寄りました。資料館のどの学芸員さんも知識が豊富で親切でした。私どものために、時間をとり、丁寧に対応していただきました。本当にありがとうございました。

70歳を超えての道中は無理はできません。

一日約15キロの行程です。12～13キロを過ぎるころ、足のほうが「そろそろ歩くのをやめようよ」とサインを出します。そのサインを無視すると、疲労が次の日に残ってしまいます。

つらいのが峠の坂道でした。脂肪がたまった体を万有引力に逆らって上に運ぶのは大変でした。脂肪が私より少ないカミさんは、元気なもので、「父ちゃん。もうだめなの？押してやろうか？」「そんなこと誰が頼むものか」と強がりを言っていましたが、言葉だけでもありがたいと思っていました。

カミさんが私より体力があるのは本当にありがたいことで、私のペースで歩けばいいのですからとても気が楽でした。

中山道を完歩した記録はたくさんあります。その記録にはどれも貴重な体験が綴られています。それらの「本」（資料）は、旅をする私たちにとって大変参考になりました。

本書には、私どもの姿があちらこちらに出ています。でも、その時々の気持、状況はその時の「私たちの映像」に一番出ていて、わかりやすいと思い、あえて「私たちの映像」をさらけ出しました。お見苦しい点をひらにお詫びいたします。

本書出版にあたり、合同フォレストの山中様、松本様に大変お世話になりました。

出版関係のことは何もわからない私たちでした。「たいした記録でもないし、やめようか？」と思いましたが、何度かいつも温かく励ましていただき、何とか出版にこぎつけました。本当にありがとうございます。

二人のトコトコ歩き（略歴にかえて）

池田 充宏（いけだ・みつひろ）

1943 年東京都板橋区生まれ。戦火の広がりで、山形県酒田市に疎開しました。1947 年板橋に帰り、東上線・大山駅近くで少年期を過ごしました。
加賀町にあった「加賀藩下屋敷跡」にできた広い「陸軍造兵所跡」は朽ち果てて、塀は崩れ、子どもたちはその隙間から入り、暗くなるまで遊んでいました。
埼玉大学のサークル（児童文化研究会）で、カミさんと知り合います。「おい、今度入ってきた子、中学生じゃないの？」と驚くほど新鮮な印象に魅力を感じていました。

池田 純子（いけだ・じゅんこ）

1947 年埼玉県吹上町生まれ。地名の通り冷たい水が湧き、田んぼが近く静かな町です。町の真ん中を中山道が走り、古い家並みと、田んぼでよい風景をつくっています。吹上小学校の北門近くが住まいで、毎日、毎日、広い校庭でかけっこをしていました。浦和に居を移し、少女期を過ごしました。
埼玉大学に入学しました。受験勉強から解放され、楽しく活動している児童文化研究会に入りました。生き生きと活動する、今までに出会ったことがない人たちがいます。その一人が今の「父ちゃん」です。

1969 年 11 月、浦和区領家にささやかな家庭を築きます。１男２女に恵まれ、楽しい毎日でした。
東京、埼玉でそれぞれ教職に携わりながら、人形劇団「どじょっこ」の活動に参加します。３人の子どもたちの成長の過程で、家族５人で「人形劇団ともだち」を結成し、東北地方の巡回公演を行ったりもしました。

教職を退いた純子は「画材の店・パレット」を開き、浦和近在の絵を描く人と交流をしました。充宏の退職を機に画材店を閉じ、地域の交流センターとして、自宅を開放して「ギャラリー・パレット」を開きました。

現在、パレットは「地域の医療生協の活動」「浦和北９条の会事務局」「地域の人たちの『うたごえ』」「映画鑑賞を楽しむ会」「囲碁を楽しむ会」「埼玉平和美術の会の諸活動」ほか、地域の人たちが暮らしやすくするために活動をしている人たちの拠点のひとつになっています。

装　幀　　クリエイティブ・コンセプト
組　版　　松本　威

夫婦で歩いた538キロ！
中山道トコトコ歩き

2018 年 11 月 30 日　第１刷発行
2019 年　3 月 25 日　第２刷発行
著　者　　池田　充宏・池田　純子
発行者　　山中　洋二
発行所　　合同フォレスト株式会社
郵便番号　101-0051
東京都千代田区神田神保町 1-44
電話　03（3291）5200 ／ FAX　03（3294）3509
振替　00170-4-324578
URL　http://www.godo-shuppan.co.jp/forest
発売元　　合同出版株式会社
郵便番号　101-0051
東京都千代田区神田神保町 1-44
電話　03（3294）3506 ／ FAX　03（3294）3509
印刷・製本　株式会社シナノ
■落丁・乱丁の際はお取り換えいたします。

本書を無断で複写・転訳載することは、法律で認められている場合を除き、著作権および出版社の権利の侵害になりますので、その場合にはあらかじめ小社あてに許諾を求めてください。
ISBN 978-4-7726-6125-6　NDC748　297×210
©Mitsuhiro Ikeda, Junko Ikeda, 2018